# 創造的な高齢者介護

## シュタイナーの人間観に基づく介護の現場から

アンネグレット・キャンプス / ブリギッテ・ハーゲンホフ
アダ・ファン・デア・シュタール 著
神田純子 翻訳
大村祐子 監訳

イザラ書房 IZARA

Annegret Camps
Brigitte Hagenhoff
Ada van der Star

Pflegemodell"Schopferisch pflegen"Anthroposophie in der Praxis

Hrsg.: Nikodemus Werk e.V.
2. Auflage, Februar 2013
info3-Verlag, Frankfurt am Main
ISBN 978-3-924391-32-4

# 目次

老いること、死ぬことを怖れない　8
編者による序　18
人智学を基にした介護モデルの背景　20
人智学を基にした介護モデル　22
学問領域からみた介護モデル　24
介護モデル転用における実践の重要性　28

第一章　人智学の人間像

1．人間の四つの構成体　32
物質としての肉体　32
生命体（エーテル体）　33
感情体（アストラル体）　38
自我　41
2．眠りの本質　46
3．三分節構造の基本概念　50
精神、心、身体　50

4．有機体としての人間の機能的三分節構造　52
神経‐感覚系　52
代謝‐四肢系　53
循環‐リズム系　54
思考、感情、行動　57
5．十二感覚論　60
肉体的感覚（触覚、生命感覚、運動感覚、平衡感覚）　64
社会的感覚（嗅覚、味覚、視覚、熱感覚）　67
精神的感覚（聴覚、言語感覚、思考感覚、自我感覚）　70
第二章　介護に関わる人智学の構想
1．人間と環境　74
物質としての肉体とその環境　75
生命体とその環境　76
感情体とその環境　78
自我とその環境　81

2. 人生の歩みの記録　84
3. 第一の21年間（誕生～21歳　身体の発達）　86
第一7年期　誕生～7歳まで　86
第二7年期　7歳～14歳まで　87
第三7年期　14歳～21歳まで　87
4. 第二の21年間（21歳～42歳　心の発達）　89
第四7年期　21歳～28歳まで　感情（感覚魂）の発展　89
第五7年期　28歳～35歳まで　理解力（悟性魂）の発展　90
第六7年期　35歳～42歳まで　意識（意識魂）の発展　90
5. 第三の21年間（42歳～63歳　精神の発達）　92
6. 高齢期　96
高齢期の肉体　96
高齢期の生命力　97
高齢者の心　100
高齢者が持つ傾向　101
老化プロセスにおける特別な現れ方　103
構成体の多様な状況　105
高齢者の存在が意味すること　107

7. 健康 110
身体の健康 110
心の健康 111
精神の健康 112
8. 病 114
身体の病 114
心の病 116
精神の病 117
9. 病と運命 119
10. 繰り返される地上の生 122
地上での人生 123
死後の肉体 124
死後の生命体 124
死後の感情体 125
死後の自我と新たな受肉への衝動 127
新たな受肉への準備 128
再び、地球への道 129
11. 介護の理解 130

第三章　人智学を基にした介護モデルを介護計画に応用するための助言

モニカ・クローヴィンケルによる〝日常生活活動と実存体験の概念モデル（ＡＥＤＬ）〟を例に


介護モデルを実践に応用するために　138

1．意思の疎通　139

2．動き　146

3．生命機能の保持　154

4．自分自身のケア　164

5．飲食　172

6．排出　181

7．衣服の着脱　191

8．休息、くつろぎ、睡眠　198

9．作業への取り組み　207

10．性の意識と自己認知　215

11．安全で支援的な環境への配慮　221

12．社会的関係を形づくり、それを持ち続けること　229

13．人間存在の本質に関わる重要な体験　235

私たちは生きていく、そして、その道に在る大切なこと　246

# 老いること、死ぬことを怖れない

人智学共同体「ひびきの村」創始者　大村祐子

二〇一三年秋に、ドイツのシュトゥットガルトにある高齢者ホーム〈ハウス・モーゲンシュターン〉の施設長であるザビーネ・リンガーさんをお招きして、東京で講座と講演会を開催いたしました。

講座の最後に、ザビーネさんが皆さまの前で、「人智学に基づく介護を実践してきた、私の三人の友人が書いた本です」と、私に手渡してくださったご本を、ようやく翻訳出版できます。九年もの長い間、本当にお待たせいたしました。諦めずにお待ちくださった皆さまに本書をお届けできますことを、心より嬉しく感謝いたします。

また、シュタイナーが打ち立てた〈人智学〉に基づいて書かれた書籍を、初めて手にされた皆さま、はじめまして！ 目次をご覧になって「人智学の人間像？」「十二感覚論…人間に備えられている感覚は五つではなかったの？」「人生の歩みの記録… それが介護に関係するの？」「繰り返される地上の生… 私は人間が生まれ変わるとは考えていないのだけど！」などなど、訝しく思われた方、本を棚に戻すのは少し待っていただけないでしょうか！

本書には、皆さまにとって馴染みのない考えや、耳慣れない文言が多く書かれていることと思います。けれどもその多くは、皆さまが日ごろ無意識に考えていることや感じていること、また疑問に思っている多くのことに答えてくれるものと、私は経験を通して確信しております。

私の母はあと三週間で九三歳になろうという冬の寒い明け方に亡くなりました。長い間ではありませんでしたが、母を介護していて一番印象に残ったことは、母に「どうして?」「どうして?」とたくさんの問いを投げかけられたことでした。

「どうして私は速く歩くことができなくなったの?」
「どうして私はむせることが多くなったの?」
「どうして私は夜中にトイレに立つことが多くなったの?」
「私は若い時から肌の手入れをちゃんとしていたのに、どうしてこんなにシミやシワができるのかしら?」

本書の第一章1.「人間の四つの構成体」/生命体(エーテル体)の項の七つの生命プロセスをお読みになりますと、その理由が書かれています。

母の介護を通して私は、「知らないこと」「分からないこと」に対して、人は怖れや不安、疑念を抱くのだということを、改めて知ることができました。
高齢者が抱いている問いに介護者が応えることができたら、介護される側の方も、安堵して穏やかに暮らせるのではないか…そう気づいた私は、本書はもちろん、やさしく書かれている医学書を読み、インターネットで調べ、母の問いに応えるよう努めました。高齢になった母は、それでも同じことを何度も繰り返し尋ねましたが、私の説明が徐々に心（頭ではなく）に染み込んでいくようで、問いかけが少なくなり、こころなしか顔つきも態度も穏やかになっていきました。

それらの知識を介護者はもちろん、介護を受ける高齢者が共有することができましたら、介護者と介護を受ける高齢者が互いに理解し、協力し、感謝し、両者の間に温かい友情と愛が生まれ、そして毎日を穏やかで安らかに送れるのではないでしょうか。ありがたいことに、私はそれを体験することができました。ですから私は、高齢者と、いずれ高齢者になるすべての方々に、ぜひ本書をお読みいただきたいのです。

また、今、介護をしておられる皆さまは、高齢者の方に「行われる処置や薬、使われる補助器具、奨励される芸術活動や作業などが、なぜ必要で、どのような成果をもたらすのか」、ぜひ丁寧に伝えてください。時間はかかるかもしれませんが、高齢者は自分にとってそれらが必要なことなのだと理解し、受け入れ、感謝し、介護する側・介護される側の間に穏やかで温かい友情と信頼が生まれることでしょう。それは、介護をスムーズに進めることができ、介護を受ける側にとっても、介護する側にとっても大変喜ばしいこと、幸せなことであるに違いありません。

多くの人が衰え、老いることを怖れます。昨日できたことが今日はできないことに気づき、驚愕します。それを嘆き悲しみます。そしてアンチエイジングを試み、励み、いつまでも若いままの肉体を保ちたいと望みます。それは当然のことでしょう。肉体をできる限り若いまま保ちたいと努力することは、ある程度必要なことです。けれども、過剰な努力は自然の理《ことわり》に反します。肉体が衰えるという事実に直面することは、多くの人にとって悲しく、辛く、苦しいことです。けれども、ひとたび地上に生を受けたその瞬間から、私たちは誰もが死に向かって歩み出しているのです。それは誰にも変えることのできない事実なのです。本書をお読みになった多くの方々が、人が老いるプロセスを、さまざまな領域から理解し、納得し、受け入れることができ、人生の高齢期を安寧に暮らすことができますよう、心から願っております。これが、本書を皆さまにお読みいただきたい理由の一つです。

シュタイナーは「認識だけが力になる」と言い残しました。繰り返しになりますが、「死」そのもの、および「死」に到るプロセスの認識を得ることができれば、それが「生きる力」になることを、私は確信しております。

私が多くの皆さまに本書をお読みいただきたいと願うもう一つの理由も、また「死」に関連したことです。
私が初めて「死」を切実に感じたのは、五十歳の誕生日を迎えたときでした。美しく広がるハーブ園のベンチに腰掛け、春のぼんやりした青空を眺めながら、世界の美しさに心を奪われ、私はこれほど素晴らしく美しいものに囲まれて五十年も過ごしてきたのだと、どれほど感謝しても感謝しきれない気持ちになり、しばらくその場を離れることができませんでした。気がつくと夕暮れの陽は低い雲に隠れ、あたりは薄暗くなっています。ふいに「いつか、私の肉体は土に戻り、この美しい世界を見ることも、香りを嗅ぐことも、風を感じることもできなくなる」という思いが頭をよぎりました。私が「死」を自分ごととして考えるようになったのは、そのときからです。私は事あるごとに「死」を意識するようになり、私の周囲の人が亡くなるたびに「死」について深くふかく考える日々が多くなりました。

そんなある日、突然、米国サクラメントのカレッジで学んでいた学生が亡くなったという知らせが届きました。「祐子、病院から戻ってくる彼女を迎え、あちらに送る支度をするから手伝ってちょうだい」と電話を受け、会場になるオイリュトミーハウスに行くと、ジョーゼットやシフォン、絹の布が山のように積まれていました。そして「これで壁と天井を覆うのよ」と教えられ、学生たちの手で暖かく柔らかな色に染められた薄い布が、天井と壁に次々に鋲で留められていきました。お花がたくさん届き、祭壇が設《しつら》えられ、椅子が並べられます。そして祭壇の上にキリストの絵が飾られ、蝋燭が灯されたとき、家族、友人、知人が集まり、長い眠りについた彼女が横たわる美しい棺が到着しました。そしてその後の三日間、私が想像もしなかったことが行われたのです。

蜜蝋ローソクが灯されると、あたりにほのかな香りが漂いはじめ、その中でやさしい音色のライアーが奏でられ、詩が朗唱され、コーラスの荘厳な歌声が響き、オイリュトミーが舞われました。それは三日間続けられました。本書にも書かれているように、人が死ぬということは、物質としての肉体から生命体が離れることであり、その過程には三日三晩かかると言われています。三日後、「死者」はキリスト者共同体の礼拝堂に移されて「死者のための聖化式」が行われました。

私はこれほど美しく、静謐で、安寧で、心のこもった「死者」を送る儀式を体験したことがありませんでした。そして、「私もこのようにあちらの世界へ送って欲しい！」と心から願いました。

それから私は、機会を得て、人智学共同体によって運営されているいくつかの高齢者施設を訪ねました。

初めに訪ねたのは米国ニューヨーク州のスプリングバレーにある共同体の中の高齢者施設でした。そこには広大な林の中に、幼稚園、小中高等学校、カレッジ、オイリュトミー学校、バイオダイナミック農場、ショップ、大きなホール、工作室、ヴェレダの薬を作る工房、クリニック、スタッフの住宅などがありました。さすが、アメリカで初めてスタートした人智学共同体です。生活に必要なものはすべて揃っていました。高齢者の施設は、ケアが全く必要のない高齢者のための戸建ての住宅、少しのケアが必要な方々のための集合住宅、日常的にケアが必要な方々の施設、自分で自分のケアができない方々のための施設と、はっきりと分かれていて、それでいてすべての施設は有機的、機能的にできていて、さすがアメリカらしい合理的！と感心したものでした。

スウェーデンのヤーナの共同体にある施設は、「あそこまでが共同体の土地だよ」と言われても、遥か遠くに見える木立のあたりかしら？と思われるほど広大な土地にありました。ここでも、暮らすために必要なものはすべて整えられていました。

ここでは、「ひびきの村」に訪ねていらしたことがあり、それ以来交流のあるマッツウラ氏が高齢者施設を案内してくださいました。建物は独特な特徴を持つシュタイナー建築で、外壁も内壁も淡く美しい色で塗られ、ドアを開けるとハーブティーの香りが漂ってきました。「今は午後ティーの時間だね。ぼくたちもご馳走になろうよ」とマッツウラ氏に誘われて、皆さんが集まっているサロンにお邪魔しました。手の空いているスタッフも集まり、キッチンスタッフが焼いたオレンジケーキ、果物、飲み物が用意されて、楽しい午後ティーの時間でした。

この施設内には、深く配慮された多くの設備が整えられていて、「日本で頑張ってくれている後輩たちが、いつか日本にも作ってくれるに違いない」と、私は大きな希望を抱いたのです。ヤーナの高齢者施設は、長い歴史が作り出した落ち着きと成熟が感じられ、静謐で、美しく、清潔で、敬虔で、まるで修道院のような雰囲気でした。

ドイツで初めて訪問した施設は、太陽が燦々と降り注ぐ明るい場所に建てられた、美しい五階建ての施設でした。一階の広場には大きな池があり、水草の間を魚がゆうゆうと泳ぎ、池の周りには濃い緑の葉が繁る木々と、色鮮やかな花々が植えられていました。またその広場には美容室、理容室、ネイルサロン、カフェ、ショップ、図書室などなど、ここにも生活に必要なものはなんでも揃っていました。

カフェテリアでは、自前の農場で採れたものが調理され、高齢者は好みのものを必要なだけ取り分けて召し上がっていました。印象的だったのは、皆さんが正装をして集まっていらしたことです。華やかで、軽やかで、明るい空気に包まれていて、嬉しそうに、楽しそうに談笑しながらの食事でした。そうそう、度々日本にいらして私たちにたくさんのことを教えてくださったヤフケさんとシュレッダーさんにも、お目にかかりましたよ。

次に伺ったのは、バイオダイナミック農場、蜂蜜工房、幼稚園、小中高等学校、課題を持つ子どもたちのためのシュタイナー学校などに囲まれた、静かな住宅地に建てられた施設でした。高齢の皆さんは居室に届く子どもたちの歌声（ときには言い合いする声も）やリコーダーの音、オーケストラの音色を、とても楽しんでいました。

最後に訪ねたのはザビーネさんが施設長をされているホームでした。門の近くの生垣のそばに腰を下ろしている二人の女性がいらしたので、ザビーネさんに伺いました。

祐子　「あの方々もこちらにお住まいの方ですか」

ザビーネ「そう、一人は入居者で、一人はスタッフなのよ。今日は風がなく暖かかったからお散歩日和だったわね」
祐子「入居者がお散歩したいとか、外出したいと言われたときは、いつもスタッフと一緒に出かけるのですか」
ザビーネ「天候が悪いときや、スタッフがどうしても手が離せないときがあるでしょ。そんなときは建物の中にある〈シークレット・ロード〉に行ってもらうの」
祐子「そのシークレット・ロードってなんですか」
ザビーネ「どこをどれだけ歩いても、元の場所に戻ってくるように設計されている施設内に作った道。一人で散歩に出ても必ず戻ってくるから、スタッフは安心していられるの。この扉のむこうがシークレト・ロードなのよ」

と、悪戯っ子のような笑顔で、ザビーネさんは話してくださいました。そんな面白い道があるのだったら、私も歩いてみたい！

次に案内された小さなサロンには暖炉があり、五人の方と大きな犬とがくつろいでいました。犬が大好きな入居者のために、ご近所の方が飼い犬を連れて遊びにこられるそうです。

これまで伺ったすべての施設には、階段の他になだらかなスロープが作られていて、階段を上がることが困難な方は、手すりに掴まり、あるいは杖を使い、あるいはスタッフに付き添われて歩かれていました。そしてどこの施設でも、最後に案内されたのは礼拝堂と、亡くなられた方のための安置室でした。
サクラメントでの体験について書きましたが、ザビーネさんのホームにも礼拝堂がありました。その、ステンドグラスから色とりどりの光が差し込む礼拝堂では、どんな宗教宗派の礼拝も行うことができるそうです。そして、礼拝堂の隣には二つの安置室があり、美しい花々が飾られ、そこはこの世のものとは思われない静謐な空気が漂い、どんなときにも天上人がいて、亡くなった方を優しく迎え入れてくださるように感じられました。

皆さま、本書に書かれています、人間がどのように歳を重ね衰えていくかということを、どうぞ心に留めておいてくださいませ。そして、それが自然の理《ことわり》であることを受け入れてください。お望みであれば、ご家族やご親族、ご友人、知人に、私たちがこの世で最後のときを迎えてからの三日間を、清く、美しく、静謐な空気の中で過ごすことができるように、お願いしてみてはいかがでしょう。

皆さまがご自分の老いのプロセスを理解され、受け入れ、老いることを怖れず、穏やかな日々を過ごし、美しい花々、楽の音、お好きな詩の朗誦などに包まれて、幸せな旅立ちをなされますよう、心より祈っております。

# 編者による序

ニコデムス社団法人理事会

私たち人間は、一人ひとりかけがえのない、そして永遠に変わることのない神的存在を自らの核として根底に持っていると、人智学の人間像は示しています。

高齢者の介護や看護に必要なことは、こうした核を常に高齢者の中に見いだすことです。介護者や看護者が彼らの核と触れ合うことによって、高齢者と介護者、看護者の間に温《ぬく》もりが生じ、真の出会いが生まれます。

このような出会いによって、落ち着きを失った高齢者は落ち着きを取り戻し、抑うつ状態の人は気持ちが明るくなり、混乱していた人は冷静になります。また介護者あるいは看護者自身は、その出会いから大きな力を受け取ることができ、高齢者の内に存在する核、すなわち神的存在を見いだすことができます。常に移り変わるすべての外的な徴候に惑わされることなく、高齢者一人ひとりが持つ、変わることのない真の内的存在に出会う喜びを体験できるのです。

人智学が示す人間像に基づいて介護を実践している、高齢者施設の組合連合「ニコデムス社団法人」に所属する諸施設において、私たちが自らの内に得たいと願っている真の力は、このような精神性です。

本書は、人智学を深く学び、それを長い間実践してきた、豊かな経験を持つ高齢者介護の先駆者であるアネグレット・キャンプス、ブリギッテ・ハーゲンホフ、アダ・ファン・デァ・シュタールにより著されたものです。

本書の内容は、私たちが目指す介護モデルに一つの重要な人間像を与えてくれます。また本書は、高齢者介護のために共に働く多くの人たちに、人智学が示す人間像を明らかにしながら、援助と介護の実践に至るまでの道を示し、広がりつつある介護の専門化を促します。同時に、人智学が示す「人生の歩み（バイオグラフィーワーク）」を学ぶことで、介護者は高齢者一人ひとりの人生の歩みに対して、より深い理解を得ることができるでしょう。

精神の領域にまで広げられた人智学が示す人間像の認識や概念を基に、これまで私たちは質の高い介護を保証し、介護をより生き生きとしたものにしようと努力してきました。そしてまた私たちは、法律が要求する範囲内で、独自の介護モデルを実践してきました。これらは、公共施設の施設監督者、審査機関（ＭＤＫ）[1]、高齢者介護教育、介護学などの専門分野で、これまで慣例とされてきた介護モデルとの間に架け橋を築くことを確信しています。

ここに示した観点が、精神的な考察に基づく新たな高齢者文化の発展に寄与することを願っています。

２００６年４月

《凡例：原注は脚注番号横に＊を付記　付いていない脚注番号は訳注》

1　Medizinischer Dienst der Krankenversicherung：ドイツ疾病金庫が共同設置する審査組織（訳注：２０２１年７月１日から後継法人に移行）

## 人智学を基にした介護モデルの背景

ドイツには、ルドルフ・シュタイナーが確立した「人智学」の人間像を基にした介護の実践をめざす高齢者介護施設が、数十年前から存在しています。そのような施設では、外界に見える部分を越えて、心と精神の領域を含む人間像に基づく介護が行なわれています。そこには次のような目標があります。

**介護を必要とする高齢者が、できる限り自立できるように支援すること。**
**高齢者と社会との健全な繋がりや人間関係を作り、それを保つように手助けすること。**
**高齢者自身が持つ能力を、保つことができるように促すこと。**
**高齢者が介護者に共に歩むことを求めた時、介護者は人生の歩みに寄り添うこと。**

私たちはこの介護モデルが、一方では審査機関（ＭＤＫ）の基準を満たし、また他方では、ニコデムス社団法人所属施設の介護構想の理論的な基礎となることを願っています。そして同時に、すでに人智学の人間像を、具体的に取り入れる努力をしている介護者のための、さらなる良き導きとなるよう望みます。

本書を手に取ってくださった皆さまは、「この本の内容をすべて読むこと、まして実践することなどできるだろうか」と不安な気持ちになるかもしれません。けれども読み進めていくにつれて、ここに書かれていることが難しい説明文ではなく、介護の実践の中で再発見され、納得のいく示唆であると気づかれることでしょう。

本書は、皆さまがこれまで実践されてきた介護を変えることを提案しているのではありません。著者、編者は、この人智学を基にした介護モデルが、皆さまの実践の中で用いられ、試され、受け入れられ、理解されるよう心より願っています。

専門的な介護の現場では、実際に行われる介護と同時に、介護業務が構成され、組織され、実践され、その成果を明らかにするシステムの存在も必要です。

高齢者の欲求は、日常的に介護者によってさまざまな仕方で把握されます。ある時は欲求が彼ら自身によって明確に示され、誰の目にも明らかになることがあります。またある時は日常の活動の中で、彼らの欲求が暗に示され、それに私たちが気づくこともあります。介護が適正で適切に実践されるために大切なことは、彼らの欲求をその根源まで明らかにすることです。

目に見えない彼らの真の欲求が明らかになった時、他でもない高齢者自身の考えや言葉、行為によって問題が解決されるということも起きます。そのような場合の介護の課題は、単に彼らの欲求を満たすということだけではなく、できる限り高齢者が自分の欲求を自分で叶えられるように、介護者がその条件と環境を作りだすことにあります。

## 人智学を基にした介護モデル

人智学を基にした介護モデルの構想は、介護に関する範囲で起こるであろうあらゆる現象を、考慮に入れています。

それは、人間が持つ個々の要素[2]から、どのようにして環境との関係を生み出し[3]、また一人ひとりの成長の過程を歩んでいくかを[4]、介護者が観察し理解できるようにします。さらに、人間は精神世界から地上に生まれてきて、人生を終えた後には再び精神世界に戻る存在であること、つまり私たちは、単に物質世界にのみ存在するのではない、ということを理解する助けにもなります。

人智学が示す人間像は、本書で提案されている人智学を基にした介護モデル、それ自体を理解し、またそれらが相互に関わることを理解する基となります。同時に、日常の具体的な活動の中

2　第一章1.「人間の四つの構成体」、第一章3.「三分節構造の基本概念」参照
3　第一章5.「十二感覚論」参照
4　第二章2.「人生の歩みの記録」参照

で、本書で解説した分類に当てはまりきらない状況が、互いに補い合っていることにも気づかせてくれます。

そしてこの構想は、介護者自身が仕事を通して人間として成長することを助け、介護者同士がチームの中で意志の疎通を図りながら、共に成長するよう促し、チーム全体を支えてくれることでしょう。

さらにそれは介護の評価や質を保証する基ともなります。同時に、これまで行われてきた、また現在行われている介護に新たな発展を促し、業務にも用いられ、それらに統合される可能性も示します。

人智学が他の学問の対案としてでなく、既存の学問の拡大として理解できるのと同様に、本書の介護モデルも、他の一般的な応用モデルの拡大として理解できるでしょう。これについては第三章を参照してください。

すべての介護モデルはその背景の詳しい説明と学問的な理論を必要とします。このような仕事は、人智学を基にした介護モデルに対して、これまで十分にためされてきませんでしたが、本書の内容はそれを試みるものです。

## 学問領域からみた介護モデル

介護モデルは、さまざまな要素が混在する現実を単純化するために用いられます。それは観察された現実の描写であり、あるいは推察された描写でもあります。そして、個々の介護の関連性と脈絡とを示し、介護モデルを用いる介護者の理解を助けます。

介護モデルは初めに二つのカテゴリー、すなわち〈理論的モデル〉と〈経験的モデル〉とに分類され、さらに〈理論形成前のモデル〉と〈理論形成後のモデル〉に分類されます。

本書では、経験的モデルを扱います。さらに私たちはその中でも理論形成前のモデルを意識的に選び、モデルの内容を一つひとつ実践しました。高齢者介護とその専門教育における、20年以上にわたる私たちの実践経験から、介護モデルを生みだすよう、試みたいと考えたからです。

### 理論的モデル

### 経験的モデル——理論形成前のモデル

初めに理論があり、それを実例に当てはめていくのではなく、あることが起こり、それにふさわしい介護を模索し、試行錯誤しながら探り当てたものをこう呼びます。現実に問題がある中で、いま何ができるかを明らかにします。

## ――理論形成後のモデル

個々の理論と、そこに含まれる一つのアイディアと別のアイディアの関係を具体的に示し、介護者が理解できるようにします。

私たちは、介護を受ける高齢者の生活の質を高めるために、介護者がモデルを転用できる可能性を探りました。モデルは、人智学を基に拡大された人間像を介護者が学ぶことによって、これまで気づかなかったさまざまな現象に気づき、それを仕事の中で見極め、介護者自身がそれを言葉で表現することができるよう、助けるものでなければなりません。つまりモデルは、介護者が自分の考えを整理し、仕事の優先順位を決めるために有用なツールとなるものです。特に介護者は、高齢者によってもたらされる仕事を、すべての状況において、彼らとのふさわしい関わりの中で、イメージできるようにする必要があります。メレイス[5]は、内容に従って、モデルを大きく以下のように分類しました。

---

*5　Meleis.A.I: Theoretical Nursing: Development and Progress; Philadelphia 1985

欲求モデル――なにを（介護者は何を行うか）
相互作用モデル――どのように（介護者は、それをどのように行うか）
介護目標モデル――なぜ（介護は、どのような目的で行われるか）

この分類の中では、本書のモデルは対話形式の欲求モデルであり、モデルの基となっている人智学の人間像と、それによる介護の理解から生じたものです。私たちはこの欲求モデルの実践を高齢者介護に限定していますので、介護目標モデルではありません。

高齢者介護においては、彼らの生活の高い質をつくり出すこと、そしてそれを維持することが大切です。この仕事に求められる目標は、高齢者自身の欲求から生じ、それは高齢者と介護者が共に活動することによってのみ達成されます。

この介護モデルを理解するために、ヒルデ・ステッペ[6]によって1990年に提唱された介護の構造モデルが更に手引きとなるでしょう。これに従って介護者が実践する際、重要で指導的なモデルが、以下のように適用されます。

6 Steppe:Hilde: Pflegemodell in der Praxis; Die Schwester/Der Pfleger 29.Jahrg.4/90 S.291-293

**介護の課題と目標**
**介護の仕事**
**介護職の組織**
**社会心理的、またコミュニケーションに関する要素**
**介護職業界の諸条件**

この五つのカテゴリーは、以下の理論的提唱に基いています。

**人間像**
**健康**
**環境**
**関係**
**介護の定義**

前述の内容は、人智学以外の学問的認識とも共通しています。私たちの認識は、特に人智学によって広げられた精神科学的な概念と、ルドルフ・シュタイナーの主要な著作や講義によって得られたものです。介護に関する多くの重要な事象は、巻末に掲載した人智学の参考文献に詳しく述べられています。

## 介護モデル転用における実践の重要性

第三章では、具体的な日々の活動を手掛かりとして、人智学を基にした介護モデルが、介護計画にどのように適用されるかが示されています。モニカ・クローヴィンケルのＡＥＤＬ[7]の構成は、現時点で高齢者介護において最も普及しているため、人智学を基にした介護モデルとの関連が具体例として述べられています。私たちはここで提案したことが、個々の施設の現実に即して転用されることを願っています。

この介護モデルは、審査機関（ＭＤＫ）が、人智学を基に運営されている高齢者介護施設の独自性を知るために役立つことでしょう。

介護水準や資料整備システムについては既に理想的なイメージが存在していますが、現存する施設における介護モデルの統合については、以下に続くイメージが一つの指針となり得ます。

介護モデルを人間の部位にあてはめると、左記（1）の介護モデルの構想が〝**頭部**〟に、（2）

7　第三章参照

個々の施設の理想像が〝**胸部**〟に、（３）の行動指針あるいは介護水準が〝**四肢**〟に対応すると考えられます。

（１）介護モデルの構想[8]においては、介護に関して人智学が示す重要な人間像の基本的概念が問題となります。この次元で、私たちは客観的な概念を通して共通理解を見いだすことができます。

（２）個々の施設の理想像[9]では、独自の願いや目標が表れます。個々の理想は、それぞれの施設でのみ発展し転用することができます。

（３）行動指針あるいは介護水準[10]では、実践に向けて、モデルや理想像の具体的な転用が表わされます。それは個々の施設の業務計画に対応し、ある程度までは転用も可能です。しかしそれは、それぞれの日常業務と調和していなければなりません。

---

8　人間の頭部／思考の働きに対応
9　人間の胸部／感情の働きに対応
10　人間の四肢／意志の働きに対応

# 第一章　人智学の人間像

# 1．人間の四つの構成体

すべての人間に起こるあらゆる現象は、**肉体**、**生命体**（**エーテル体**）、**感情体**（**アストラル体**）、**自我**によるものであり、これを人間の四つの構成体と呼びます。これら四つの構成体は一人ひとりの人間の中で調和をとりながら互いに作用し、人間の独自性や個性をつくりだします。

## 物質としての肉体

肉体は、肉体に備えられた感覚器官によって知覚できる物質であり、数や重さ、長さで測ることができます。

重さ ― 肉体は地球の重力の影響下にあるため、重さがある。
数 ―― 肉体の多くの部分は、数で表すことができる。
長さ ― 肉体は物質的空間の中で、一定の長さを持つ。

肉体に関わることはすべて計測でき、数で表すことができます。肉体を持つことによって人間は、鉱物界（地球）の一部として存在し、その法則性の下にあります。また肉体は地球が持つ元素で表わすことができます。つまり、肉体は地球と同じ〝素材〟でできているのです。そして肉体は外から見える人間の形であり、解剖学で綿密に検証され、詳述されます。最も純粋な形の肉体は遺体です。物質としての肉体は地球の一部であり、死後再び地球に還されます。

肉体（身体）の領域の介護において重要なことは以下にあります。

**身体が健全に保たれること。**
**身体が汚染物質に侵されないこと、汚染された場合にはそれが除去されること。**
**身体は一定の空間を必要とすること、また重力の影響下にあることを認識し、その認識が用いられること。**

＊身体＝肉体　本書では文章の内容によって使い分けています。

## 生命体（エーテル体）

エーテル体とも呼ばれる生命体は、物質に生命をもたらします。それは私たち人間と鉱物を区別するための本質的な要素です。物質のみの存在である鉱物には、生命体が備えられていません。生命体は、植物と動物、そして人間の物質体の中で働き、その働きによってそれらに〝生命〟をもたらします。生命体の働きは、私たちの身体の動きとなって現れることもあります。

人間に備えられた生命体の働きは、次に記した七つの生命プロセスと呼ばれる本質的な要素の中に見いだすことができます。

**呼吸プロセス**
**熱プロセス**
**栄養プロセス**
**排出・分離プロセス**
**形姿形成・維持プロセス**
**成長プロセス**
**再生プロセス**

生命体のこれら七つの生命プロセスの働きは密接に関連し合い、相互に働き、また不安定なバランス状態にあります。そして、右記のプロセスの順序で補い合います。

七つの生命プロセスの働きを、食物摂取に関して説明すると以下のようになります。

**呼吸プロセス** ― 肉体を持つ人間として地球上に生きる私たちは、繰り返し地上の食物を自分の中に取り込まなければなりません。私たちは、リズミカルな栄養摂取の流れの中で生きているのです。呼吸の原理は、外界との結びつき（吸うこと）と解放（吐くこと）のプロセスとして理解されます。

**熱プロセス**――熱は栄養を取り込む中で生じます。適切な熱の働きによって、私たちは世界と結びつくことができます。そして同時にその熱によって、私たち自身も温められます。

**栄養プロセス**―私たちが栄養を摂取すると、それが肉体の一部となり力となります。それによって私たちは世界と結びつき、世界は私たちにとって意味のあるものとなります。

**排出・分離プロセス**―有機体である肉体が必要としないものは体外へ排出されます。分離の原理とは、本質的なものと非本質的なもの（生命プロセスの場合は、肉体が必要とするものと必要としないもの）とを区別する力です。

**形姿形成・維持プロセス**―体内に取り込まれた栄養は、地上で生きる私たちの肉体を形成します。形姿形成・維持の原理は、肉体を形成し、生命を保つ力です。

**成長プロセス**―上述した五つのプロセスが互いに作用し合い、適切に経過すると、身体における成長が見られます。成長の原理は、私たちの新たな経験を統合し、それによって人生を形成して人生の幅を広げることを可能とする力です。

**再生プロセス**―これまでに挙げたすべてのプロセスが作用し合うと、私たちの肉体の中に新たな人間を生みだす土台がつくられます。再生の原理は、世界にあるものを自らの中へ取り入れ、自らのものとし、それを新たな生命を持つものとして再び世界に生みだす力です。[11]

生命体は体液の中で作用します。ですから身体の中のあらゆる体液は、私たちの生命の担い手といえます。生命の担い手としての役割を終えた体液は、もはや生命を担うことはできません。そのため、それらは死んだ物質となって身体から排出されます。

例えば尿となって膀胱に溜められ、排出される体液があります。また汗となって汗腺を通して排出される体液、そして痰となって口から排出される体液があります。しかしその他の死んだ体液には身体から排出される器官がないため、浮腫や膿瘍となって生命体の働きを妨げ、それによって私たちの健康が損なわれます。

このように生命体は生命の原理であり、上述した七つの生命プロセスの中で働きます。この原理は古代文化において、すでにエーテルの名で知られていました。

---

11　例えば、呼吸については世界にあるものを吸う（自分の内に取り入れる、学ぶなど）ことで世界と関係が生まれ、結びつき、吸ったものを吐く（放つ）ことで世界との関係を失う、世界から離れる、解放されるというように、ここに挙げた原理の解説は、肉体における働きだけでなく、その本質を示す。

私たちは生命体それ自体を、目で見ることはできません。七つの生命プロセスにおける働きに変化が起きたときのみ、私たちは生命体の存在を認識することができます。

生命体の働きを知るためには時間の経過の中で、生体機能、生物学的プロセス、リズムなど、より多くの観察が必要です。ですから、生命体を時間体と名付けることもできます。

治癒力の一つの要素として、脈や呼吸、生活のリズムなど、リズムに注目することは、介護において特に大切です。

生命プロセスは、私たちが介護をする際に、最も有効な多くの働きかけが可能である領域です。私たちは、高齢者の生命プロセスが維持され、再生されるように助け、守り、支えることを可能とする、さまざまなプランを提案する必要があります。例えば栄養補給、沐浴、道具を使用したエクササイズや、リズミカルアインライブング[12]などによって生命プロセスの働きを刺激し、維持することができます。

12　自然素材で作られたオイルや軟膏を全身に優しく塗りながら、心と身体に調和をもたらすアントロポゾフィー医療における看護手技の一つ。

## 感情体（アストラル体）

次に、心の要素である感情体について記します。

感情は私たちに備えられた十二の感覚[13]の働きによって、自分自身と外界を知覚することで生じます。自分自身と世界は、身体を通して知覚され、それが心に感情を生みだします。

感情には二つの相反する〝**共感**〟と〝**反感**〟があります。〝**共感**〟は、私たちがある事物に惹かれ、それに対して心に好ましい感情が呼び起こされるときに生まれます。すると、私たちはその対象や事物と結びつきたいという衝動を持ちます。反対に、ある事物が私たちの心に否定的な感情を引き起こすと、私たちはそれを好ましくないと感じ、それが〝**反感**〟となります。

〝**共感**〟は生命体の働き—体液の働き—に力を与えます。それは身体に刷り込まれ、顔の表情にも現れ、目に見える跡を残します。そして時の経過と共にその表情は身体に強く刻まれ、ますます深みと味わいのある容貌が現れることがあります。〝**反感**〟もまた〝**共感**〟と同じような働きをし、身体に〝**共感**〟とは対極の作用を及ぼします。

また、感情はとりわけ呼吸に現れます。呼吸の深さとリズム—深い／浅い、穏やか／荒い、規則的／不規則的など—は、高齢者の歓び、失望、嘆き、諦め、快、不快、怒り、感謝、安堵、不機嫌など、心の言葉を介護者に伝えてくれます。

---

13　第一章5．「十二感覚論」参照

肉体は物質である地球の要素、つまり地の要素で構成されています。また、生命体は七つの生命プロセスの中で水の要素として働きます。そして、心の働き（感情）は呼吸、つまり風の要素の中に現れます。私たちの内で風と水が出会うことによって、感情は生命プロセスにまで影響を与えます。

このように、感情体の働きは三重の仕方で人間の身体に現れます。最初は呼吸（循環－リズム系）に現れ、第二に代謝と身体の動き（代謝－四肢系）の中に、第三に容貌（神経－感覚系）に現れます。[14]

感情体は肺呼吸を行うすべての生物の内で働きます。それらの生物は規則的に空気を肺の中に吸い込み、また吐きだします。呼吸による空気の出入りの中で、それらの生物の心の働きは身体と生命体に結びついたり、離れたり、を繰り返します。同時に、心と生命プロセスは血液において結びつき、共感によって温められ、反感によって冷やされ、そしてまた離れます。

動物（一部を除く）や人間は肺呼吸をしています。動物の場合、心の在りようは彼らの動きによって的確に読み取ることができます。動物の心の在りようが身体の動きを通して表現されるのです。身体言語の研究は、動物を理解することや、彼らと人間とがコミュニケーションを取るための基となります。

*14　第一章4.「有機体としての人間の機能的三分節構造」参照

すべての動物が種・科・属それぞれ特有の運動モデル、つまり一種の心の言葉を持っていて、こうした言葉を、私たちは研究し認識することができます。動物の身体言語は、ほとんどが身振りなど身体全体の動きに限定されるという点で、人間とは異なります。人間だけが強く際立った、また状況によって変化する動きや表情をも生みだすことができるのです。

動物の心の働きは周囲と直接的に結びついています。彼らの心は自分の生活空間と溶け合い、そこで起こる出来事や変化に直接反応します。それに対して人間は、より高次の原理、つまり第四の構成体である自我[15]を、自由意思によって用いることができます。人間の場合は空間などの環境の変化、または色、香り、響きなどの感覚に対する刺激、あるいは強い刺激からの保護によって、自我が働き、思考し、感覚印象が修正されます。このように、人間の感覚印象は、自我の働きによって感情に異なる働きかけをすることがあります。これらのことは後に「十二感覚論」や「人間と環境」「介護の理解」の項で詳しく述べます。

---

*15　人間が運動をするときには自我が働き、スポーツ、ダンス、筋運動、動物の調教などの新たな運動モデルを創ることができる。自我は思考しつつ、感情と身体による表現の間を行き来し、それによって身体の動きを修正する。身振りが感情の直接的な表現であるのに対し、表情は思考によって修正された驚き、疑い、ユーモアなどの感情を表すことがある。

## 自我

自我は、人類の進化の過程の中で最も若い構成体です[16]。自我は人間においてのみ働きますが、未だ成長段階にあり、未熟であるため持続的ではなく、一貫性もありません。動物は自我を持たず、彼らの意識は感情体の段階にまでしか届きません。自我の本質は純粋に精神的であるため、私たちに馴染みのある概念で言い表すことがとても難しく、物質的あるいは実利的な思考によって捉えることはできません。自我は私たちの明るい目覚めた意識の土台です。また自我は、心の動きや感情を目覚めた意識で認識し、それについてよく考え修正することもできます。例えば「これは思ったほど悪くなく、むしろ利点さえある…と考え直す」などです。

生命力が水の要素の中で、また感情体の心的な諸力が風の要素の中で働くように、自我は熱の要素の中で働きます。自我が身体の中で十分に働くためには、常に36.5度から37.5度の体温を必要とします。私たちが感動するとき体内に熱が生み出されますが、それは自我の強い活動の現れなのです。

自らの自我を認識するために、私たちは目覚めた意識によってのみ可能となる思考を、その基

16　構成体は、肉体、生命体、感情体、自我の順に人間に具えられたと人智学では考えられている。

として用います。また私たちは自らの自我の働きを広げるために、他者との思考的対話や外界での体験を必要としますが、他方では、自分自身に集中すること、思考すること、試みること、評価すること、選ぶこと、決めること、責任を担うことなどの思考活動を行い、自我の力をさらに強めることも必要です。

自我は、主導権を握る家の主人、あるいは車の運転手に例えられます。私たちは常に自らの意識を目覚めさせ、自我の働きを強め、思考することが必要です。そうすることによって、心に生まれた感情―共感と反感―のみに身を委ねることがなくなり、私たちは思考し、自問し、認識し、判断し、行為しながら世界の中に立つことができます。つまり私たちは、ぼんやりした意識で知覚した、感覚印象から感覚印象へとさまよい歩くのではなく、目覚めた意識で思考し、自ら判断し、選択し、そうして私たち自らの印象や体験を基に思考しつつ、自分自身の歩みとして人生を創ることができるのです。

自我の成長は個性の成長とも言えるものであり、したがって私たちの自由の基でもあります。

以上をまとめると、次のように言えるでしょう。

**私たち人間は自我を持つ故に、**
**個性的であり、**
**自分自身に対する意識があり、**
**目覚めた意識を持つことができ、**

**考えを区別し、選び、導き、さらに発展させることができ、**
**責任を負うことができる。**

人間だけが自我を進化させることができ、完全な状態にある四つの構成体は、人間においてのみ見いだすことができます。

| 原理 | 肉体（物質としての身体） | 生命体（エーテル体） | 感情体（アストラル体） | 自我 |
| --- | --- | --- | --- | --- |
| 特徴 | 空間、重さ、物質 | 呼吸、熱、栄養<br>排出、形姿形成、成長、<br>再生 | 感覚、共感、反感、<br>独自の動き | 自立、思考、責任、<br>決定、評価 |
| 自然界 | 鉱物界 | 植物界 | 動物界 | 人間 |
| 意識 | 無意識 | 眠っている状態の<br>意識 | 夢をみている状態の<br>意識 | 目覚めた意識 |
| 要素 | 地（物質） | 水 | 風 | 火（熱） |
| 可視性 | 可視 | 不可視だが<br>時間の流れの中で<br>その影響が見える | 不可視だが<br>形や雰囲気、<br>動き（表情、身振り）<br>で認識できる | 不可視だが<br>成長過程の独自性<br>として認識できる |
| 介護で重要なこと | 健全に保つ | 重要な諸機能や<br>生命プロセスを<br>維持する | 相互のやりとりの中<br>で感情を把握する<br>環境によって心を刺<br>激する | 互いに歩みよる中で<br>の個性の尊重<br>独自の成長のための<br>自由空間の提供 |

## 2. 眠りの本質

眠りは特別な状態です。人間は朝目覚めてから眠りにつくまで、ずっと明るい意識を保っていますが、そのために多くの生命力を費やします。人間が行う運動、仕事、遊びなどの日中の身体活動、そしてまた感じること、思考することなどの内的活動は、生命体が持つエネルギーを必要とします。そのため朝、私たちの身体を満たしていた生命体のエネルギーの多くが一日の活動の中で使われ、その結果として私たちの身体は夜になると疲れ切ってしまいます。また同時に私たちの心は、目覚めている間に受けた多くの印象で飽和状態になります。同様に私たちの脳も、体験した出来事から感情体が受けた印象でいっぱいになります。

私たちが眠りにつくと、感情体と自我は身体から離れて、精神世界まで広がっていきます。[17] そのとき身体と生命体は、感情体と自我から分離されます。それ故、眠っている間は、感情体が日中に受けた印象に妨げられることなく、身体の中で生命体の七つの生命プロセスの働きが活発に行なわれるのです。生命プロセスの活動によって、生命体のエネルギーが蘇り、身体はエネル

*17 第二章1.「人間と環境」参照

ギーで完全に満たされます。こうして眠っている間に、日中に溜まった私たちの疲労が回復するのです。

眠っている間に、身体と生命体から離れた感情体は、アストラル界（惑星界[18]）に戻り、日中受けた印象を消化します。そして惑星が持つ力が感情体へ注がれ、本来の力を取り戻します。

感情体は、ノンレム睡眠（深い眠り）において身体から離れて惑星の世界にまで広がり、レム睡眠（浅い眠り）には身体に戻るために繰り返し収縮します。そして感情体は生命体に再び結びつき、生命体は身体を整える仕事ができるようになります。こうして日中、不調和になり、傷つき、例えば緊張や驚き、脂肪過多の食事などによって酷使された身体は、再び本来の状態に戻り再生されます。こうした再生は、夜の間に4回ほど行われます。

通常、レム睡眠には、感情体と生命体の間に起こる出来事を描く夢が生じます。レム睡眠においては、閉じたまぶたの奥で速い眼球運動が起こります。レム睡眠であるかどうかは、この眼球運動によって確認することができます。レム睡眠にいる人を頻繁に起こすと、生命体の新たな衝動が妨げられます。そのため、レム睡眠が妨げられている状態が長く続けば、身体的にも精神的

18　惑星は、光を放出せずに恒星の周りを公転している（太陽系の惑星は、水星、金星、地球、火星、木星、土星、天王星、海王星）。

にも、健康上の大きな障害が引き起こされます。

私たちが眠っている間、自我は恒星界[19]に留まり、そこで高次の自我[20]と出会います。高次の自我は未だ成長段階にあり、十分に身体と結びついていないため、地上の出来事を体験することはありません。覚醒時に高次の自我は身体とは分離しています。恒星界で、感情体の影響から離れた日常の自我は高次の自我と一つになります。そして日中私たちが下した決定や判断は、日常の自我と高次の自我が一つになった自我によって見直され、場合によっては考え直すこともあります。ですから日中ある決意をしても、翌朝「あれは違う」という確かな思いと共に目覚めることもあるのです。

自我の夜の旅のもう一つの側面は、同じ時間に眠っているすべての人間の自我が、感情体の影響を受けずに、恒星界で共にいるという事実です。この純粋な自我の出会いによって、私たちが地上で目覚めている間に作り上げた人間関係が変化することがあります。地上での体験

---

19　恒星は光を放出し、恒星同士の距離や位置関係は常に変わらず、星座を構成している（太陽系の恒星は太陽のみ）。

20　人智学では、人間の自我は二つの部分で構成されていると考える。通常、自我と呼ばれているものを〝**日常の自我**〟と呼び、それは私たちが〝**自分**〟であると認識している自我である。また〝**高次の自我**〟は精神界に存在し、人間の神的部分であると考えられている。

は、感情体の働きによって生まれる感情に左右されますが、恒星界で結びついた自我は純粋なものだからです。つまり感情の影響を受けない純粋な自我たちが出会うとき、そこには地上での人間関係とは違う関係が生まれ、目覚めたときに、その関係が継続されるということが起こるのです。

長期にわたって夜勤している人たちは、他の多くの人が目覚めている時間に眠り、また他の多くの人が眠っている間に目覚めています。このことが彼らに疎外感を感じさせると言われています。上記の事実を考えると、この疎外感に対して新たな視点が生じるかもしれません。

人間は睡眠に対するさまざまな欲求を持っています。一般には、人生の全睡眠時間は生涯のおよそ三分の一に相当すると言われています。その中でも乳児はレム睡眠も長く、最もよく眠ります。歳をとるにつれ、私たちの睡眠は短くなっていき、それに伴ってレム睡眠も短くなり、眠りも浅くなっていきます。より質の良い深い眠りは、目覚めている時の私たちに良い影響を与えます。

## 3. 三分節構造の基本概念

人間の三分節構造の原理は人智学の基本概念であり、それによって私たちは、人間と世界に対してより深い理解を得ることができます。対極にある二つの原理は、第三の原理の力によって調整され、バランスがとられ、まとめられます。それによって、三つの異なる質が共存し、一つの存在になることができるのです。この現象は世界のさまざまなところに見いだされます。[21] 人間は、精神、心、身体から成る三分節構造として、一体を成し調和された存在です。

### 精神、心、身体

私たちは精神によって思考し、心で感情を体験し、身体によって行動することができます。精神、心、身体の三者が一体であるように、思考、感情、行動も繋がっています。それらは互いに他の働きを促し、また補い合います。つまり人間は後述するように、頭部、胸部、四肢から成る統一体なのです。

21 例えば、社会における三権分立など。

**精神 ―― 思考 ―― 頭部**
**心　 ―― 感情 ―― 胸部**
**身体 ―― 行動 ―― 四肢**

精神と身体とは対極にあります。身体は物質であり、地球上の自然の一部です。身体は生命のある物質に満たされ、目に見え、具体的で、物理学、化学、生物学、生理学の諸法則に従って存在しています。

それに対して精神は物質ではなく、そのため身体に備えられた感覚器官では捉えられません。精神は私たちが高次の叡智、宇宙の秩序あるいはより比喩的に天の法則と呼ぶ、精神的法則性の中に生きているからです。精神は物理学ではなく、メタ物理学（メタ＝超越した）が、物事の背後にあるもの、物事の根底を成す目に見えないものとして把握します。

心は天（精神）と地（身体）の間に橋を架け、あるときは人生のより地上的（物質的）な側面に、またあるときは、より天上的（精神的）な側面に現れます。つまり、心の中で天と地の二つの世界が出会うのです。

このような総体としての人間理解に基づく介護は、常に三つの原理を考慮しつつ行われます。

## 4. 有機体としての人間の機能的三分節構造

身体をその形態と構造から、また器官と細胞などの機能を観察することから、ここでもまた、再び一つの全体を成す三つの違った質を見いだすことができます。それらは〈神経‐感覚系〉〈代謝‐四肢系〉そして〈循環‐リズム系〉の三つです。〈神経‐感覚系〉と〈代謝‐四肢系〉は、静の極と動の極という対極にあります。そしてこの二つをつなげるものとして〈循環‐リズム系〉があります。〈循環‐リズム系〉は両者を結びつけ、他の二つの働きを調整します。

**神経‐感覚系（形態または静の極）——頭部（脳、神経）——思考**
**循環‐リズム系（二つの極の中心）——胸部（心臓、肺）——感情**
**代謝‐四肢系（物質または動の極）——四肢（手足）——行動**

### 神経‐感覚系

神経は身体のすべてを貫いていますが、その中心は脳にあります。頭部は身体の中で最も神経組織で満たされ、最も多くの感覚器官がある場所です。

身体が持つ三つの空間（頭蓋、胸郭、腹腔）の中で、頭部は最も小さいものです。脳は髄膜と髄液に守られ、ごつごつした頭骸骨の中で動かず、完全な静けさ（静の極）の中にあります。脳の中のごく小さな場所では、数十億の神経細胞や神経路が重なり合い、その機能の多様性は驚くべきものです。それらはとても精密に作られていて、それぞれ特有の高度な働きをし、鋭敏でもあります。また脳の神経細胞の再生能力はほとんどなく、新しいものに作り変えられることはありません。働きを終えた多くの脳内の細胞は日々壊死します。

脳の神経細胞それ自身は活動しているときも動かず、膨張することも収縮することもありません。神経細胞に膨張や震動が起きると、それがどれほど小さなものであっても神経機能を乱し、意識を混濁させます。それどころか意識を失わせるような、脳の深刻な危機を招くこともあります。

## 代謝－四肢系

代謝や運動も、有機体である私たちの身体のすべての中に見いだされますが、これらの機能の中心は腹腔と筋肉にあります。神経－感覚系とは正反対に、ここでは強い生命力が、大きな丸い形態（胴体）の空間の中で、膨張し収縮しながら働きます。絶え間ない物質変換（代謝）と運動は生命活動の要です。

代謝の働きは、摂取された物質を絶え間なく分解し、それを糖やタンパク質、脂肪などに変換し、血液などの身体の実質を構築することです。そして必要なところに、必要なものを、必要なだけ供給します。その際、変換、構築されたものは、一か所に長い間留まることはありません。肉体の死後、最も長く保たれる骨でさえも、生きている限り生涯、代謝プロセスと結びついていて、絶えず分解され、同時に再構築されます。代謝によって生成された糖、タンパク質、脂肪などは、四肢において動きに変換されます。

代謝は、生命と再生の根源です。動きや熱や膨張は、脳にとっては非常に有害である一方で、代謝にとっては有効であり必要です（動の極）。脳においては、その形態が破壊されないことと静けさが常に求められますが（静の極）、このような性質は、かたや代謝においては致命的脅威になります。

## 循環－リズム系

頭と四肢の間に位置する胸郭は、循環－リズム系の中心として心臓と肺を内蔵しています。循環－リズム系の働きは、互いに対極にある神経－感覚系と代謝－四肢系の働きが持つ、それぞれ正反対の質を和らげます。また、その対立を調整することで両者の橋渡しがなされます。形態の極（神経－感覚系）と物質の極（代謝－四肢系）の出会いの中に、調和のとれた中心（循環－リズム系）が二つの極の均衡を生みだすことによって、身体（有機体）は生きていけるのです。神経－感覚系の完全な静けさと、代謝－四肢系の絶え間ない運動は、心拍と呼吸の規則正しいリズムの中の「均衡」によって、それぞれの働きが可能となります。心臓は、心筋が短時間収縮することによって、その固さと明確な輪郭を持ちます（物質または動の極）。同様に、心筋が短時間弛緩することによって心臓は拡張します。この収縮と弛緩が心臓に一定のリズムを持った働きを可能にするのです。肺もまた一定のリズムを保ちながら収縮と弛緩を繰り返します。それらはすべて循環－リズム系の働きです。

頭部に強く現れる、形態を保つ力は、絶対的な均整を保持し続ける働きを持ち、消化器官の特徴である全くの不均整とは対照的です。循環－リズム系には心臓と肺という対を成す器官があるため、一見したところ均整が取れているように見えますが、詳細に観察すると、左右に明確な形態上の違いがあります。

このように、身体と環境が出会う時、これら三つの体系の中に、両極性と均衡の現象を見いだすことができます。

感覚器官の働きによって、私たちがある対象物を知覚したとき、知覚した対象物が体内に受け入れられることはありません。私たちは知覚した対象物の形や構造を認識することはできますが、知覚した対象物をどれほど細かく観察し、念入りに触れ、心で深く味わい、熱心に耳を傾けたとしても、対象物は私たちの身体が持つ感覚神経から切り離されているからです。ですから、こうした知覚の経過を、「形に ─ 入る In-Formation（対象物の情報を得る）」と言い表すことができます。知覚することによって、私たちは対象物の形、手触り、匂い、音などを受け取り、それらを心に刻み込み、印象を手に入れます。

では私たちが栄養を摂取し代謝する場合と、感覚器官の働きとは、どのように違うのでしょうか。私たちは食べることによって、物質を自分の体内に取り入れます。体内に取り入れられた物質は、一方では咀嚼器官と筋肉の活動によって、他方では消化液の作用によって、その形も構造もすっかり壊され、身体の一部になります。私たちは変換するこのスポットをゼロ点と呼びます。このゼロ点を完全に通り抜けられなかったものは、絨毛を介して血液へと運ばれることのないまま、痰、膿、汗、尿などとして体外へ排出されます。感覚器官によってある物が知覚されるときには、その対象物の形は印象として心に受け取られますが、物質そのものが体内に入ることは拒絶されます。栄養摂取のプロセスでは反対に、形は拒絶されますが、物質そのものは身体に吸収されます。[22]

知覚感覚と栄養摂取の間で調整する仲介役をするのは呼吸です。栄養摂取の場合には体内に粗い物質が受け入れられ、知覚感覚の場合には非物質（印象）が受け入れられます。また呼吸のプロセスでは、微細な物質（空気）が体内に受け入れられます。その際、空気は拒絶されず、また分解されることもなく、規則正しい一定のリズムに則って体内に入り、体内から出て、身体（有機体）が必要とする酸素と二酸化炭素のガス交換を可能にします。この経過は血液を通して、神経－感覚系と代謝－四肢系双方が働く力となります。

*22 Klaus Dumke,Biologische Individualität in Die Drei,Heft 5,S.366ff, 1987,Stuttgart

## 思考、感情、行動

〈神経‐感覚系〉は私たちの思考を、〈循環‐リズム系〉は感情を、〈代謝‐四肢系〉は行動を、それぞれ可能にする生命の基を構成します。

ここでも再び、思考と行動が両極にあることが見てとれます。思考は静けさと集中を必要とする内面での活動です。行動はエネルギーの現れであり、外へ向けられた活動です。このように思考活動は頭部の冷静さを、また行動（筋肉活動）は熱を必要とします。

思考と行動を仲介する感情は、循環‐リズム系の呼吸と心拍によって身体的（有機的）に両者に働きかけます。心臓は収縮と弛緩によって血液を出入りさせ、肺は呼吸によって空気を出入りさせるという、収縮と弛緩の絶え間ない変化の中で動きます。それと同様に、感情は喜びと悲しみという共感と反感の間を行き来して揺れ動きます。

一面的な思考は、現実から切り離され、氷のように冷たくなる危険を招きます。また偏った盲目的な行動は、無益、無秩序で、最悪の場合には破壊的に作用します。このような思考と行動の偏りは、感情の働きによってなくなり、均衡が生まれます。

このように感情の働きによって、思考と行動が相互に健全に作用し合うようになったとき、初めて思考と行動は人間味のあるものになります。行動は、前もって思考することにより計画性を持ち、的確なものになります。そして行動した後には、私たちはそれを振り返り、熟慮し、状況を見極め、評価し、判断することができます。

思考と行動が互いに作用するときには感情の働きが伴います。感情は、思考に真実性をもたらし、良き行動に必要な力を私たちに授けます。明確な思考と的確な行動は、豊かな感情を伴って初めて、意味のある行為へと導かれ、理論と実践との間に架け橋を生みだすのです。

| | 神経-感覚系 | 循環-リズム系 | 代謝-四肢系 |
|---|---|---|---|
| 身体の部位 | 頭部 | 胸部 | 腹部・筋肉 |
| 生命力 | ほとんど生命力はない | 均衡のとれた生命力 | 強い生命力 |
| 形態と物質 | わずかな量の物質<br>変わらない形態<br>対称的 | 対を成す | 多量な物質<br>膨張する形態<br>非対称的 |
| 運動 | 動かない・集中 | リズミカルな運動 | 恒常的運動・供給 |
| 環境との関係（働き） | 知覚（非物質的） | 呼吸（微細な物質） | 栄養と排出（粗い物質） |
| 能力 | 思考 | 感情 | 行動 |

さて、人間の三分節構造と四つの構成体とは、どのように結びつけられるでしょうか。身体においては、物質としての肉体と生命体とが統合され、心では生命体と感情体が、精神では感情体と自我が結びつきます。

## 5. 十二感覚論

四つの構成体を持つ存在として、人間は内へ閉じた身体を持っています。人間は地上で生きるために、また、個人として周囲の人々と理解し合い意思疎通を図るために、そして自分自身の思考や感情を世界で展開していくために、環境と関わる必要があります。

この関係を、私たちは感覚を通してつくりだします。人間は古来、六つの感覚（聴覚、視覚、触覚、味覚、嗅覚、平衡感覚）の働きによって、自分の周りの世界を感覚的に体験すると考えられていました。しかし、ルドルフ・シュタイナーは更に六つの感覚を識別し、私たちに示しています。それらは、生命感覚、運動感覚、熱感覚、言語感覚、思考感覚、自我感覚の六つの感覚です。合わせて十二のこれらの感覚は以下のように、三つのグループに分けられます。

**1. 肉体的感覚（自分自身の身体を知覚する感覚）**

触覚
生命感覚
運動感覚
平衡感覚

2．社会的感覚（外界を知覚する感覚）

嗅覚

味覚

視覚

熱感覚

3．精神的感覚（外界の背後にある、見えないものを知覚する感覚）

聴覚

言語感覚

思考感覚

自我感覚

生まれたばかりの赤ん坊は、感覚体験を意識することができません。しかし、彼らは成長するにしたがって、自分が知覚したことを意識することができるようになります。

彼らはまず初めに肉体を通して自分の周囲の世界と出会い、その世界に没頭します。長い間同じものを触ったり、同じ動きを楽しんだりして、その世界に没頭するのです。そしてその体験を通して世界を知覚し、知覚したことを徐々に意識しはじめます。初めはゆっくり、少しずつ、緩やかに。そして幼年期から青年期に進むと、感覚体験を意識し、それを整理し、自分で考え、判断し、評価することができるようになります。三歳くらいになると、子どもたちの内に「私」という自我意識が芽生え、その意識が成長しはじめます。そして自我意識の成長に伴い、子どもたちの感覚体験は次第に内面化され、楽しい、嬉しい、悲しい、つまらないなどの感覚体験を心で感じ、またそれを思考するようになります。感覚体験に対して意識的になるのです。

感覚体験を意識することによって、私たちは心（感情）と精神（思考）の力を成長させることができます。例えば、平衡感覚の働きによって肉体が平衡に保たれるという体験をします。するとその体験を通して、私たちは心を平衡に保つことを学び、精神的な安定と平静さが育てられます。心がどれだけ大きく揺さぶられ、平衡が失われても、動揺することなく落ち着いて個々の事柄に立ち向かい、心の平衡を保つことができるようになるのです。そして平衡を失わせるような状況の中で、変えられることを変え、また変えられないことに対して落胆することも憤ることもなく、それを受け入れ、それに耐える力を得ることができるようにもなります。

肉体的な感覚体験を、このように心と精神の力へと変容させることを、私たちは感覚体験の昇華と名付けます。

私たちの肉体の感覚器官は長く生きている間に次第に衰え、退化し、自分自身と周囲をはっきりと知覚できなくなります。しかし、それまでの感覚体験は、人生の長い歩みの中で、心的、精神的な力へと昇華され、その中で得た力は私たちに叡智を授けてくれます。このようにして得た心的・精神的成長が、私たちを真の人間にしてくれるのです。

誕生から死まで、人生の歩みの中で得た私たちの内面における進化は、感覚によって知覚することを通して与えられた贈りものです。人生の初期には、感覚体験はとりわけ肉体の能力—触る、動く、平衡を保ちながら立つ、歩くなど—を促します。そして成長するにつれて感覚体験の変容は、豊かな感情や感性、明確で適切な思考など、私たちの心的・精神的な力へと広がるのです。

このように、感覚体験はより多くの次元で発展していきます。以上のことをまとめると、次のようになります。

**肉体で知覚したことは、脳に刻印付けられます。**
**心は、知覚したことを感情として受け取る舞台です。**
**精神（自我）は、心の領域で知覚した感覚を選び、分類し、組み立て、**
**それを私たちに意識させ、思考させます。**

内部で生命プロセスが行われている私たちの肉体は、肉体が体験したことを、心と精神（自我）が受け取る環境と言えるでしょう。

日常生活では、多くの感覚器官が共に働き、私たちは世界をより豊かなものとして体験できます。例えば、美味しそうに見え（視覚）、ちょうど良い硬さがあり（触覚）、心地よい温かさで（熱感覚）、快い香りがし（嗅覚）、素材が上手に組み合わされ、調理され（味覚）、消化に良い（生命感覚）食事を、私たちは美味しいと感じるのです。

以下に、個々の感覚について記します。

## 肉体的感覚（触覚、生命感覚、運動感覚、平衡感覚）

**触覚**――触覚は皮膚を通して働きます。私たちは肉体に圧力を感じ、また肉体が受けた抵抗を触覚の働きによって知覚すると、自分と世界との境界を認識し、自分の肉体の重さを感じます。

**昇華**[23]：触覚を通して、私たちは自分と他者との境界を知ります。自分ではない存在として他者を認めることには、他者への敬意を必要とします。そして、敬意から畏敬の念が生まれます。自分と他者との境界線を無遠慮に踏み越えるのは、好奇心の働きです。

**生命感覚**――生命感覚は、自分の肉体のすべてが調和し、生命プロセスが滞りなく働いているかどうかを知覚する感覚です。肉体に不具合があれば生命感覚がそれを伝えます。頭痛や胃もたれ、痛み、吐き気、満腹感、緊張、筋肉痛などを感じることによって、私たちは生命感覚の働きを体験します。肉体の調和が、生命感覚のための器官を形成します。

23　62ページ参照

昇華：生命感覚を通して自分の苦痛を感じる体験は、他者の苦痛を理解するための基となります。他者の苦痛を和らげる力、慰める力は、他者の苦痛を共有することから生まれます。

**運動感覚**――私たちはベッドの中で、自分の位置を変えることができます。また眼を閉じても、自分が脚を組んでいるかどうか、頭を横に向けているかどうかが分かります。自分の位置や姿勢、動きを知覚する感覚は運動感覚です。それによって、私たちは自分の肉体の動きを知覚します。この感覚のための器官は横紋筋です。

昇華：自分の肉体の動きを知覚することによって、私たちは自分の行動をコントロールし、的確に行動することができるようになります。それと同時に私たちは、より高い次元で自分の目標を達成するために、自分の行為や行動、人生の歩みを自覚し、認識することによって、それらを目標に向けることができます。

**平衡感覚**――周囲との関係によって、私たちは常に自分の位置を確認し、立ち上がり、姿勢を保つことができます。また自分の位置を変えることもできます。それは平衡感覚を通して、自分の中心を知覚することができるからです。平衡感覚の働きによって、私たちは自立した一人の人間として、世界と均衡のとれた関係を持つことができます。

**昇華：**平衡感覚は、私たちが自分の中心を見いだすことを可能にしてくれます。ですから私たちが自分の中心を見失うと、バランスが崩れ、環境や人間関係など自分と周囲との間に緊張が生まれます。自分のことばかり考え、自分に固執している利己主義者は、周囲を見失うのみならず、自分自身をも見失います。私たちがあまりにも自分自身に固執していると、バランスを失うのです。お酒を飲んで酔っている人、一つのことに夢中になっている人、快さにうっとりしている人、有頂天になっている人も、自分の中心を失います。私たちは、周囲と均衡のとれた関係を持つことによって、はじめて自分自身を閉ざすことなく、自分の中心を見いだすことができます。平衡感覚を訓練することによって、私たちは自分自身と世界との間に調和を見いだすことができるようになります。

**肉体的感覚のまとめ**——はじめに私たちは触覚によって世界から分離されます。次に生命感覚と運動感覚によって自分の身体についての情報が提供されます。そして触覚によって世界から分離された私たちを、平衡感覚が再び世界へと導くのです。

## 社会的感覚（嗅覚、味覚、視覚、熱感覚）

**嗅覚**――私たちは嗅神経を通して香りを知覚します。香りは、物質が分解するところに生まれます。嗅神経は最も短い脳神経であり、シナプス[24]を通さず、直接香りを脳に伝えます。つまり、私たちは香りを嗅ぐとき、解体しつつある物質から生まれる香りを直接知覚するのです。

**昇華**：私たちは香りを嗅ぐと快または不快を感じます。そして快、不快は、道徳的な善悪の判断に結びつき、このようにして下された判断は、私たちが香りの因《もと》と向き合うことを妨げ、私たちと香りの因との関係を絶ってしまいがちです。真剣に香りを嗅ぐことによって、はじめて香りの質の識別が可能になり、野生のバラ、コーヒー、カビなど香りの真の因が伝えられるのです。はじめに持った先入観や判断に留まらず、「何が」「どのように」「どうして」など、真の関心を向けることが、香りの因に対する探究の扉を開きます。

**味覚**――物質を口の中に入れ、咀嚼することによって唾液が分泌され、物質が分解されます。

---

24　脳内神経と神経の接合装置

味覚は、口に入れた物質が何であるかを分析し、知らせます。その際、甘味、酸味、塩味、苦味などの味わいと同時に、物質のすべての情報が知覚されます。

**昇華：**味が知覚されるプロセスでは、物質の科学的要素が分析されます。比喩的な意味で、味覚は「何と何がどのように調和するか」を私たちに示唆します。例えば「どのジャケットとスカートが合うだろう」「どのような家具を組み合わせたら部屋がすっきりするだろう」「授業をどのように組み立てたら良いだろうか」「どのような人たちを組み合わせたら、祝宴にふさわしくなるだろうか」ということまでも、味覚は私たちに語ります。

**視覚**――目は物事の多彩な表面の知覚を伝えます。しかし、私たちが「目で見ている」と考えていることには、他の多くの知覚体験が組み合わされています。例えば「あの車はどのくらいの速度で近づいてくるか」などを判断することは、他の感覚印象や体験に助けられてできることです。このように複数の感覚が同時に働くことによって、私たちは「そこにこびりついている褐色のものは血か、チョコレートか、錆か、泥か」「この花は本物か、あるいはプラスティックでできているのか」など、日常で体験するすべてのことを判断しています。

**昇華：**ある体験によって一つのイメージが生じたとき、私たちは他の視点を得るように試みることが大切です。それによって、自分が持ったイメージだけでその体験を判断することなく、他の立場を受け入れることが可能になります。これによって私たちは視野を広げ、物事を包括的に見て、平和的な解決を見いだすことができるようになります。

**熱感覚**――熱感覚は、周囲の気温と自分の体温との温度差について情報をもたらします。熱知覚は相対的で、常に他との関係において知覚されます。そのため、屋外の気温が30度を超えている場合、22度の室温は涼しく感じられるのです。

**昇華：**熱は私たちと周囲との関係を通して知覚されます。人との好ましい関係は、私たちの内に相手への温かい関心をもたらします。穏やかで温かい関心は、燃えるような熱狂と冷ややかな軽蔑との間にあります。

**社会的感覚のまとめ**――これら四つの社会的感覚は、外界に関する情報をもたらし、それによって私たちの内に感情が呼び起こされます。その際に呼び起こされた感情や考えを、私たちはすぐに変えることはできませんが、それについて熟考し、感情を客観視することはできます。

## 精神的感覚（聴覚、言語感覚、思考感覚、自我感覚）

**聴覚** ―― 聴くことそれ自体は、音波を知覚することです。その際、音量と同時に質的な特徴も知覚されます。例えば、素材の硬さ、音の高低、軽快なテンポ、声の温かさなど。聴くことは、単に周波数で表される音の知覚を超えていきます。

**昇華：** 素材が純粋で混じりものがなく、そして振動する空気が澄んでいれば、響きはより明瞭にその質を発揮できます。内的な質に対する知覚能力を育てるためには、自分自身が純粋で曇りのないものでなければなりません。つまり先入観を取り除き、自分を沈黙させ、自分を無にするのです。

**言語感覚** ― 言語感覚は、音の響きを超えて、聞こえた（聴いた）音に重要な知らせが含まれていることを伝えます。つまり聞こえた（聴いた）音が、単なる響きではなくある意味を持ち、その意味を言葉として知覚する感覚です。言語感覚の知覚のためには通常耳を用いますが、他の感覚器官も、言葉が持つ意味を知覚することができます。身振り、手振り、シンボルマーク、象形文字、河原に石を積み上げる積み石など、いくつかの状況の重なり合いに大切な知らせを含ませることもできます。

**昇華**：言語感覚では、文字や話し言葉などの物質的な配列を越えて解読される、大切な知らせが含まれていることを知覚します。言語感覚の昇華は、外界の現象を小さな偶然の重なり合いとしてではなく、一冊の本のように読み取るべきものとして受け取る力を私たちにもたらします。

**思考感覚**――思考感覚は、重大な知らせを解読し、その背後にある思考を把握する感覚です。思考感覚によって、人は大切な知らせを受け取り、それについて熟考し、その意味を理解することができます。思考は言葉の背後にあり、言葉を超えて私たちに届きます。

**昇華**：思考感覚の昇華において、私たちの人生と世界は意味のあるものとなります。

**自我感覚**――自我感覚は他者の自我を私たちに知覚させます。つまり、他者もまた独自の自我を自身の核として持つ存在である、という認識を私たちにもたらすのです。

**昇華**：他者を独自の個性を持つ存在として認めることは、自我と自我が出会うための前提条件であり、そこで新しい体験や発見が得られます。

# 第二章　介護に関わる人智学の構想

## 1. 人間と環境

介護の現場の環境や、それを取りまく周辺の状況は、介護においてとても重要です。それは介護モデルや介護理論においても、大きな意味があります。

ここでは、人間が置かれている環境を構成する本質的な三点を挙げます。

**物質的環境**――気候を含む地球環境から、労働環境、個々人の住宅、それぞれの部屋まで、物質的環境は多岐に広がります。

**社会的環境**――家族、親族、友人、知人、近隣の人たち、仕事場の同僚、地域活動の仲間など、私たちをとりまく人間関係がつくる環境です。

**精神的環境**――ここには芸術、哲学、倫理、宗教、学問などの文化的要素が組み入れられます。

この介護モデルでは、人智学を基にした世界観から環境を捉えています。その世界観の本質は、世界の源泉は精神的なものにあるということです。精神的な事柄を日常的なレベルで理解し、それを日々の介護において体験・認識し、普遍的な名称で呼べるものにして、すべての介護者と共有することが、人智学を志す介護者の願いです。

私たちは、人間の四つの構成体の視点から環境を理解します。それぞれの構成体は、人間が生涯自由に使える一定の力を携えています。

以下に、四つの構成体の力と環境との関わりについて詳しく解説します。

## 物質としての肉体とその環境

人間の肉体は、物質である地球と同じ性質のものです。私たちが見たり、触れたり、掴むことができるものです。そして、物質である私たちの肉体は、私たちが周囲の環境から選び、食物として取り入れたものを、肉体の成長や維持のために栄養に変えます。栄養に変えられたこの鉱物性物質は、人間の形姿をつくるように構成され配列されています。つまり、私たちが肉体の話をするときは、物質の特別な配列について話しているのです。

この物質的な肉体は物質界の法則に従います。例えば、肉体は重力の法則の支配下にあります。そして空間を占めます。ですから肉体があるところには、他の物質は存在し得ません。しかし、人間の肉体は物質の世界からは分離されていて、かつ独立した存在であるため、その法則に完全に委ねられているわけではありません。

肉体は雨に打たれても分解せず、少しの寒さの中でも凍らず、斜面でも転倒するとは限りません。物質的な肉体は生涯、大地から離れて自分自身を保ち、死によって初めて肉体であることを終えて鉱物界と再び完全に融合し、物質的地球に戻ります。そしてこの肉体と、私たちが持つ他の三つの構成体は、生涯一体化しています。

## 生命体とその環境

生命力、すなわちエーテルの力は体内の水＝液状のものの中に現れます。生命力それ自体は水ではありません。生命力は太陽に促され、体内の水を捉え、それに刺激を与え、体内で呼吸、熱、栄養、排出、形姿形成、成長、再生のプロセスを引き起こすエネルギーそのものなのです。それは繊細な化学的プロセスであり、私たちの体内物質を、さまざまな異なる状態に、繰り返し変化させます。

水は肉体の中で流れ、浸透し、ほとばしり、脈打ち、湧き出でて、肉体の中にくまなく生命力を貫き通します。この現象は地上のすべての生きもの、植物、動物、人間に見られます。また地球それ自体も、生きた水に満たされています。そしてまた、エーテル的なもの、すなわち生命プロセスにおいて、地上のあらゆる人間はつながり合い、また地球上のすべての生きものとも結びついています。

そのような結びつきは、介護の世界にも現れます。一人の人間の身体の不具合は、遅かれ早かれ、すべての人間に影響を及ぼします。ある介護チームで一人の介護者が病気になると、そのような状況は既に始まっています。チームが前日と同じ介護をしようとすると、病気になった介護者の仕事をチームの他の介護者が引き継がなければなりません。仕事仲間にとっては、そのことによる支障は、私生活にまで広がるのです。さらに、病気になった仲間は健康を取り戻すために、場合によってはチームの仲間の支援や医師の助けを必要とすることもあります。

介護チームの例で述べたことは、地球全体にも当てはまります。地球上の一部の人間が持つ過剰な豊かさは、他の多くの人たちにとっての飢えと欠乏を意味します。また、自然の生命連鎖への介入、例えば単一栽培（モノカルチャー）や過耕作・過放牧、森林の伐採、河川の迂回工事などは、全地球の生態系バランスの破壊を引き起こします。地上で生きている限り、私たちは自分だけの豊かな生活や、自分だけの健康を追い求めるのではなく、地球上のすべての人、すべての生きものに配慮しなければなりません。さらに私たち一人ひとりが、生命力において全地球と結びついているのですから、全地球の健康と全世界の人間の健康に対しても、同じように責任があるのです。

私たちの身体が地球の物質によって生かされているのと同様に、私たちの生命体も地球を取りまくエーテル力に支えられています。あらゆる生物は、その死と共に自らの生命体を手放し、地球の周囲を取り囲む普遍的なエーテル界に還します。

## 感情体とその環境

私たちの物質的な身体が物質である地球に属し、私たちの生命体が地球を取りまくエーテル界に属しているように、さらに高次の構成体である感情体と自我にも、その源があります。感情体はアストラル界に属しています。

アストラルの力は惑星によって特徴づけられます。それは、地球よりも太陽に近い水星と金星、そして地球より太陽から遠く離れている火星、木星、土星、天王星、海王星です。惑星自体はアストラル界ではなく、いわばアストラルの世界を開示していると言えましょう。

惑星は、さまざまな公転周期や惑星間の距離、またそれによって生じる関係の中で、アストラルの力がどのように形成しながら働いているかを示しています。惑星は星の世界(アストラ＝星)の厳密な法則性に従って動き、それらの公転や自転において、数学的に非常に精密な関係を構成しています。

どの惑星も自らの軌道をそれ自身の速度で辿り、協働して決まった星位を形成します。個々の惑星から放出される一定の力が、私たちに人間特有の身体構成を与えています。その力が身体の個々の器官に、特別な形態や構造、役割をもたらしているのです。心臓、肝臓、腎臓などは、自らを満たしている惑星の力を、物理的な形態と機能に現わしています。

例えば、胆のうは火星的で激しく精力的に働き、強く収縮して渋い胆汁が脂肪分解を促進します。また火星の力は、無秩序や不都合に対して、勇敢に取り組む力を私たちの心にもたらします。そして金星は、私たちに人を思いやる心や親切心、また芸術的な能力を授けます。

響きや音と同じように、色彩も惑星の働きの表現です。それらはすべて、最終的には惑星の諸力やその組み合わせによる効果がもたらす、数学的な構造に由来するものです。見ることができ、聞くことができ、匂いを嗅ぐことができるような、いわゆる私たちが感覚的に体験できる世界は、アストラル界の働きの多様さを現わしています。また、人間が持つ際立った心の能力[25]は、アストラル界、すなわち惑星界に由来しています。

動物の場合、こうした能力は、より強く現れます。どの動物種も特定の惑星の力を持ち、それを現わしています。犬が持つ忠誠心、ライオンが持つ勇気、鹿の優美さなどがそれにあたります。人間は、自身の感情体において、このような多くの特性を惑星との関わりの中で持っています。それゆえ、私たちは誰もが独自のアストラル的な特徴を担っており、それは体型にも見てとれます。私たちが、それぞれの人間の心の在り方の違いに取り組めば、惑星と私たちの心の在り方との関わりを、より明らかに認識できるようになるでしょう。

また人間は心の共同社会をつくります。私たちは互いに共通の関心を持つことによって、または同じ仕事をすることによって、あるいは同じ思想、そして血縁などによって、互いに深い関わりを持ちます。アストラルの力は、これらの関係の中で働き、さまざまな色合いを紡ぎだします。

---

25　慈悲の心、芸術表現の力など。

それぞれの惑星が持つ力の特徴は、次のようです。

**火星の力　――――　勇敢、戦闘的、攻撃的など**
**金星の力　――――　建設的、親切、芸術的など**
**水星の力　――――　活動的、快活、活発など**
**木星の力　――――　維持する、守るなど**

ある人の行動を理解し、表現しようとするとき、私たちはその人がどの惑星の力を受けているかを捉えます。行動トレーニングをしようとするときには、動物に関わるものでも、人間に関わるものでも同じように、対象が持つ感情体に働きかけて行われます。

しかしながら人間だけは、自我の働きから行動を捉え、理解することができます。人間の自我は自らの意志の力を使いながら自分自身をコントロールし、感情体に作用することができます。自我は、あるときは行動を抑制し、他の場合は行動を促すのです。

## 自我とその環境

地球を取りまく天空に存在する獣帯[26]には12の星座があります。自我の故郷はその星座を構成している恒星にあります。古来、人々は獣帯について深い知識を持っており、これまで人間が織りなしてきたそれぞれの文化の中で独自のイメージを見出していました。

恒星は、天球上にいつも同じ配置で並んでいます。そのため季節によって、つまり地球と太陽の位置関係によって恒星は見えたり見えなかったりします。地球から見ると、太陽は春分点と共に獣帯をおよそ25800年かけて一周します。つまり一つの星座を約2150年で通りすぎ、その都度、その時代の人類が持つ文化全体に刺激を与えています。現在、太陽は魚座にあり、水瓶座に移行する少し前の変革の時です。

地球上に生きる誰もが、今、それぞれの地域で生活し、多かれ少なかれ、その地域が持つ文化の中で、自分の人生に対して責任を担って暮らしています。それによって私たちは、自分が属している文化に、世界に、地球に、そして宇宙に対して、それぞれ応分に寄与するのです。私たちは誰もが、ここ地上で独自の人格を持つ人間として、さまざまな事柄に対して自身で決定を下すことができます。それに対する責任を担うことは、自我の重大な行為の一つです。

自我は、自分の感情を優先させることなく、感情を抑えて、自分の欲求とは相反することをあえて決めることがあります。

26　黄道帯とも呼ばれる太陽が通る道。黄道の上下に9度の幅をとって空にできる帯のことで、12の星座がある。

例えば、

—私は今とても疲れているけれど、彼女が私を必要としているから、助けよう。
—まだ食べたいけれど、健康を損なわないようにこれ以上食べるのをやめよう。
—とても痒いけれど、掻いたら化膿するだろうからやめよう。

などがそれにあたります。

自我は人間だけが持っているものであり、輪廻転生[27]を繰り返しても持続するものです。それはすべての人間が持つ核であり、人間と動物を区別する大きな要素です。私たちは地上で生きている間、毎晩眠りますが、眠っている間、自我は恒星界に昇り、そこに留まります。そして死後は、次に地上に再生するまでの間、恒星界に留まり、そこで自分の人生の方向を再確認し、修正し、次の人生の目標や歩みを見直します。

自我は人間の最も若い構成体であり、地上生活においては未だ完全に身体と合一していません。自我の一部は私たちが地上で生きている間、恒星の故郷に存在している高次の自我[28]の中に

27　第二章10．「繰り返される地上の生」参照
28　第一章2．「眠りの本質」脚注20参照

留まり続けます。そのため自我は、常に私の周囲の環境の一部としても存在しているのです。

この高次の自我の在り方を、常に考え、想像し、そして生きている間にその在り方をほんの一部でも地上で実現することが、私たちの目標の一つです。そこには、誤りを犯す可能性もありますが、自分の失敗はもちろんのこと、他者の失敗をも自身の学びとして受け入れることができたら、それもまた私たち自身が進化する良い機会となり得ます。

上述のことから、自我が他の構成体である感情体、生命体、肉体と大きく異なっていることは明らかです。すなわち感情体は惑星界から、生命体はエーテル界から、肉体は地球から借りたもの[29]であるのに対して、自我は、他の構成体のように外側から与えられたものではなく、あらゆる自我がそれ自体一つの世界なのです。すべての人間の重要な核を成すものです。

目覚めた自我意識から、私たちは世界を把握し、そこから新たな認識を引き出すことができます。これらの認識から、私たちは、科学や芸術、哲学、そして宗教などにおいて、未だ周囲の世界に存在していないような、新たな世界を創造することができます。

---

29　死んだ後に、肉体は地球に、生命体はエーテル界に、感情体はアストラル界（惑星の世界）に還るため、著者は借りたものと呼んでいる。自我だけは死後も私たち一人ひとりの核として残る。

## 2. 人生の歩みの記録

人生の歩みの記録は、生涯の出来事をただ単に記した以上に価値のあるものです。あらゆる人生の断片には、私たちがこの地上で生きている間に実現したいと願ったことを、一つひとつ成し遂げるために重要な、独自の質と特別な意味があります。

以下の二つの要素が、一人ひとりの人間の人生の歩みを決めます。

**（1）人間の四つの構成体が、相互作用する際の法則性。**
**（2）外界から私たちに向かってくる出来事や事件。**

この二つは、本項でこれから詳しく解説します。この二つ以外にも人生の歩みを決めるいくつかの要素がありますが、本書ではこの二つについて、より明確に述べることに紙面を割くこととし、他の要素についての記述は長くなるため割愛します。

人生の歩みは七年のリズムで、大きく局面が変わることが見てとれます。自我は人間存在の核であり、一生を通じて運命の糸を握っています。自我の働きによってはじめて（1）の法則性と（2）の生涯の出来事とが、一人ひとりの人生の歩みの形や個性的な人格を作ります。

## 四つの構成体の発達における法則性

人間は受胎すると同時に物質としての肉体が遺伝的に定められ、誕生によって地上の物質生活に入ります。他の三つの構成体である生命体（エーテル体）、感情体（アストラル体）、自我は時間の流れと共に、次第に物質としての肉体に浸透し、それらと結びつきます。

## 3．第一の21年間（誕生～21歳　身体の発達）

### 第一7年期　誕生～7歳まで

誕生してから最初の7年間に、生命体は七つの生命プロセス（呼吸、熱、栄養、排出、形姿形成、成長、再生）の働きによって、身体を完全に満たし、身体に作用するための準備をします。身体に備えられた器官の機能は、胎生期には未だ母親の生命力に包まれていますが、誕生した後、生命体の働きによって、それぞれの器官が、徐々に一人ひとりの身体の中で自立的に作用するようになります。

第一7年期において、有機体としての子どもの身体は未だ非常に繊細で不安定であり、抵抗力を持っていません。この期間の身体の成長する力は人生の中で最も強く、体重は誕生後の数週間で倍増します。そして誕生前に母親の胎内でつくられていた子どもの身体の諸器官は徐々に育ち、成熟し、特に栄養摂取と排出のシステムは、子どもが固形食を摂りはじめると同時に、徐々に相互に作用し合うようになっていきます。また、体温も安定してきます。

この段階での最も大きな出来事、そしてこの時期の成長の頂点は、乳歯が抜け落ち、永久歯が生えることです。そのとき、子どもたちは就学に可能な成長をとげます。

## 第二7年期　7歳～14歳まで

第二7年期に入ると、生命体は身体を成長させるために、第一7年期ほど集中的に働かなくてもよい程度までに発達します。身体を成長させるための働きから自由になりつつある生命体は、子どもが思考することを促し、そのため子どもの内で知的な力が発達しはじめます。

感情体は、身体、生命体と強く結びつき、思春期に心の生活＝感情生活がより豊かになるような身体が形成されます。それは性的成熟への発達と同時に、感情生活と密接な関係をもつ呼吸器管の変化を通して身体に表れます。

胸部では肺の容積がより大きくなり、副鼻腔の発達と鼻の拡張によって、幼い子ども特有の、短くて上向きに反った鼻は見られなくなります。こうして顔は新たな特徴を獲得します。また、身体はかなり大きく成長し、四肢は力と器用さを増します。

## 第三7年期　14歳～21歳まで

幼年期、少女・少年期を過ぎた若者は青年期へ入ります。彼らの感情体は完全に身体と生命体に結びつきます。第三7年期において彼らの感情生活は、あらゆる高みへ、あるいは深みへと誘《いざな》われ豊かなものになります。また彼らの多くはこの時期に学校教育を終え、次第に自分自身の人生の方向が見えてくるようになります。

この時期に自我は、成長しつつある彼らとより強く結びつきはじめ、この第三7年期の終わりの21歳ごろに、青年は他の構成体と結合した自我を全く自由に用いることができるようになります。こうして、自我は最も若い構成体として、地上に生きる人間と結びつきます。

誕生から、物質としての肉体と他の構成体とが順次結合することにより、21歳になってはじめて、私たちは、四つの構成体が統合された十全な人間ということができます。

肉体的成長を終えたこの時点から、私たちは成熟した一人の人間として自己責任を担うことのできる人格と見なされます。

## 4．第二の21年間（21歳～42歳　心の発達）

次に続く21年間に人は成長し、自立し、人生における自らの場所を手に入れ、人生を設計し、形成することを学びます。また人は、自分自身の健康に対する責任を引き受け、同時に感情生活のバランスをとり、鍛えることを学び、独自の発展に向けて計画し、歩み、人生を自分の力で切り拓きます。

### 第四７年期　21歳～28歳まで　感情（感覚魂）の発展

第四７年期を生きる若者は、自分の道を探し求めます。この頃、彼らは生家から離れて外の世界に足を踏みだします。この時期に、職業や人生のパートナーを選択する人もいます。これらの選択を促すのは感情です。

彼らの内に問いが生まれます。「私は何を快く感じるのか」「何が私の心をときめかせるのか」「私は何に熱中するのか」などです。

また、この時期に、彼らの自我は自身の感情を把握し、未来に向けて、より良い自分、より良い世界を心に描き、それを理想として人生を形成しようとします。そのため、この時期を疾風怒濤の革命、独自の信念への心酔の時期などと呼ぶことができるでしょう。

## 第五７年期　28歳～35歳まで　理解力（悟性魂[30]）の発展

20歳代の終わり頃、彼らの内で悟性が発展し、深みが増します。人は一つの場で責任を持って働き、社会の中で何かを自分独自のものとし、形作りたいという欲求を覚えます。今や、感情に代わって悟性が決定を下すようになります。

この時期には、家庭を持つこと、責任を担うこと、職場で中心的存在になること、職業が生活の中心になること、家の購入、自身で会社を設立することなどがあるかもしれません。彼らの内には「私にふさわしい場所はどこなのか」「物質主義社会の中で、私はどのように有意義で社会に役立つ生活ができるのだろうか」などの問いが生まれます。

## 第六７年期　35歳～42歳まで　意識（意識魂）の発展

人はこの時期に、より多くの課題と向き合い、社会と深く結びつき、責任を担うようになります。そして意識はより深く、より集中的になります。職業生活では、例えば、自分の仕事の領域

30　悟性とは通常、物事を認識し、理解する能力と考えられている。

を広げ、他者より秀でようと競い合い、物質的な利益を得て、そして社会的地位を固めることが人生の重要課題になります。

三つの7年期からなる、この第二の大きな人生段階は、全体として非常に仕事の量が増え、また社会生活は活発で、波乱に富む時期です。感情の豊かさや社会的能力、また合理性がこの時期にふさわしく発達します。そしてこれらの力の成果を伴って、人間性と現実の状況との結びつきが段階的に生じます。つまり、人間性と職業の状況とが相互に作用するのです。

この人生段階は、最初の21年間における教育や社会的背景と同様に、素質や気質によって決定的に特徴づけれます。

## 5. 第三の21年間（42歳～63歳　精神の発達）

第二の21年間の成熟段階の後、およそ40歳以降は人生の経過と共に、人はある種の不安や不満を持つようになります。そして、ここで自分の人生や職業の形に独自の特徴を与えたい、自分の人生に新しい広がりを付け加えたいという願いが、私たちの内に芽生えます。これまでの職業から離れ、新たな職業を選択することも多く、行き詰まった人生のギアを変えることも少なくありません。

**第七　7年期　42歳～49歳**
**第八　7年期　49歳～56歳**
**第九　7年期　56歳～63歳**

この三つの7年期において、感情体、生命体、そして肉体は、さらに形が変わり、それぞれの在り方や力が個別化されていきます。それは、生命の力やアストラルの力が、以前ほど物質としての肉体と強く結びつかない[31]ことに現れます。

*31　第二章6.「高齢期」参照

およそ40歳ごろから、外的な特徴に最初の老化のプロセスが現れます。人は肉体的には、もう30歳代の頃のような力はなくなります。肌には最初のしわが刻まれ、肺の容積は減り、感覚機能も衰えます。少し前の出来事や、考えたことが思い出せないというように、記憶力も衰えます。

心の諸力がゆっくりと肉体から離れることは、感情の敏感さが低下することや、女性の場合には、閉経期に激しく変化する感情生活などに見てとることができます。

生命力や感情の諸力は、物質としての肉体での活動から解放されて、思考の中で、より多くの見通しを得る能力として現れます。それによって独自の判断は、より確かなものになっていきます。それゆえ、多くの人は指導者的な立場を得て、その資質を開花させ、自らの職業に新たな衝動をもたらすことができます。

およそ56歳から、肉体と、生命力や感情の諸力との親密な一体性が次第に変化します。人は自分の行動力を、もうあまり発揮することができなくなります。むしろこの時期には、他の人たちの理想の実現を助けることが自身の喜びとなります。つまり他者から助言を求められる存在となることができるのです。

およそ63歳で、内的な発展は必ずしも外的な業績に左右されなくなります。その際に、重要な役割を果たすのは以下のことです。

**肉体的諸力の変換　――――　物質的生活を徐々に手離すこと**
**心的諸力の変換　――――　現在の健康状態に依存しないこと**
**精神的諸力の変換　――――　理念的、哲学的、超越的なテーマへ内的に向かうこと**

これらの変換に成功すると、私たちは肉体、心、精神の三つの諸力を、次第に意識的に自由に用いられるようになり、冷静に知性を発揮することができます。しかし、「以前のように身体が動かない！」と、衰えつつある身体に強く執着すると、そのために苦しむことになります。また、自身の意識と現実の世界との結びつきがますます少なくなり、それらの接触を失いはじめるという、もう一つの現象も起こり得ます。

歳をとればとるほど、人生の歩みは個人的なものになり、そこから導きだせる法則性も少なくなります。それは、それは、高齢になるということが、当然ながら、固有の意味を持っていることを示しています。ですが、ここでは自分自身の人生の歩みを認めることが大切ですから、高齢期については別項で述べることにします。

## 概要

### 第一の21年間（誕生～21歳　身体の発達）

肉体、生命体、感情体、自我が順次生まれ、肉体、生命体が次第に成長します。心的、精神的な成長もありますが、それらは今後さらに成長を必要とします。

### 第二の21年間（21歳～42歳　心の発達）

心の生活は感情、悟性、意識において安定し、分化し、この時期は人生の中心を生きています。精神的な成長は、未だ頂点には達しておらず、未完成です。

### 第三の21年間（42歳～63歳　精神の発達）

身体的な能力は衰え、精神的な能力が成長します。人は地上で生きることが有限であることを意識し、外的な成功より内的な成長や満足感が、大きな意味を持つようになります。

### それ以降の高齢期

すべての外的な法則性から解放されて、人生の仕上げをする時期に入ります。この頃には精神的な体験を多く持ち、人生の目標が達成されます。

## 6．高齢期

幼年期・青年期・成人期と同様に、高齢期も、成長や学びのプロセスが行われる時期です。身体の諸力が低下し、生活範囲が小さくなっても、決してただの下り坂と理解すべきではありません。この時期はむしろ、繊細なプロセスであり、四つの構成体は、この時期特有の在り方と働き方をするため、人はそれぞれに多様な変化を経験します。

第二章「人生の歩みの記録」の項で述べたように、人生の前半では、人智学で受肉のプロセスと呼ばれる、高次の構成体＝感情体と自我が次第に肉体と結びつくプロセスが生じます。その後、人生の半ばを過ぎるとそれらは、徐々に肉体から離れはじめます。このプロセスは離肉と呼ばれます。個々においての変化は以下のように現れます。

### 高齢期の肉体

生物学的に見ると、人生の半ばであるおよそ35歳から、肉体は次第に地球の重力に堪えられなくなり、まっすぐ立つことや姿勢を良く保つことなどが難しくなります。それは私たちの肉体の中で、成長する力よりも衰えていく傾向が強くなるという、自然なプロセスなのです。また、生命力によって再生を遂げることが徐々に困難になります。

肉体は次第に固くなり、水分を失って乾燥します。そして柔軟性を失い、もろくなり、生命プロセス[32]が肉体の中であまり力を発揮しなくなります。そのため血圧が上昇し、代謝機能も衰えて処理しきれなくなります。また血管は硬くなり、頭髪は薄くなり、老化現象は肉体にはっきり現れます。

## 高齢期の生命力

生命力の領域では、以下のことが現れます。

- 呼吸が浅くなる。
- 熱の産生が少なくなる。
- 消化しにくい食物が多くなる。
- 形姿形成の力が衰えるため、傷の治癒などが遅くなる。また、そのために老人性のしみ、血管内の沈着、しわ、皮下脂肪、毛穴が大きくなるなどの変化が見られる。
- 排出が鈍くなる。

---

32　34ページ参照

・成長は腫瘍の形でのみ現れる（形姿形成[33]）。
・女性の生殖能力は完全に枯渇する。

生命力と肉体の結びつきが弱くなると、生命力は肉体の力を維持するための働きから解放されて自由になり、より高い次元でその働きを現します。生命力の解放は、6歳から7歳ごろ、永久歯が生えたときにも見られました。このとき生命力は子どもたちの身体の第一回目の完成をもたらし、子どもたちが学校で学ぶことを可能にしました。つまりこの時から、子どもたちの生命力の一部は、思考形成と学校での学びに用いられてきたのです。

高齢期には、再び自由になりはじめた生命力がその力を高めて、思考の力を発達させるために働きます。生命力の助けを得た思考の発達は、生命プロセスの中で以下のように現れます。

**呼吸**――思考が、より深くなる。

**熱**――世界や自分の精神的な背景である哲学、芸術、宗教など、精神的テーマに対して、温かな愛情に満ちた深い感動が育つ。

*33　第一章1．「人間の四つの構成体」参照

**栄養**――思考は表層的なものではなくなり、より深く理解され、消化される。世界、人生、人間に対して、深い理解が生じる。

**排出**――本質的なものと非本質的なものに対して理解が生まれ、人生の大きな問題により多くの本質的な認識が生じ、確信が持てるようになる。それに対して、日常的些末なことへの関心は少なくなる。

**形姿形成**――物事のより大きな連関が把握され、より多くの洞察を得る。

**成長**――豊かな内面生活をくり広げる。

**再生**――物事をより大きな視野から捉え、それらの連関についての理解が広がる。また多くの人生経験や深い洞察から、世界にとって永続的な価値となるような、より偉大な創造の域に到達できる。特に芸術家の場合は晩年に傑作を生みだす。

こうしたプロセスは共に作用し合い、老人の智恵を形成します。しかし生命力が、物質としての肉体に留まったまま自由にならないときには、生命力は精神的な成長に向けて用いられることはありません。そのような場合に、しばしば健康上の支障をきたします。

## 高齢者の心

高齢者の心は、自身の持つ外的な美しさが衰えた悲しみや、肉体的な喜びを失った苦しみの感情を体験します。こうした喪失感によって、高齢者は失ったものを他のことで補おうとすることが多くあります。

これらの欲求から、住居をリフォームして大きくまたより美しくしようとするかもしれません。また、医薬品を乱用する、豪華な装飾品を揃える、刺激的な色彩を好む、買いもの依存になるなど、極端な行動を引き起こすことがあります。薬品や治療、手術によって、老いから解放してくれる医者や専門家を探しだそうとする人もいるでしょう。

しかし彼らは、外的な処置によって、根本的に老化のプロセスを止めることはできないと、内面の奥深くでは知っているのです。自分の心を、年老いた肉体の束縛から解放することができれば、彼らは老化から生じる不満を解消できます。つまり、肉体的な力を過度に要求することをやめ、肉体の力だけに左右されない経験を多くすることによって、新しい発見や喜びを見いだすことができるのです。

高齢者はゆっくり散策すること、年齢にふさわしい体操やダンスをすること、また創造的な遊びなどの機会を手に入れることが必要です。これらは彼らの心を動かし、緊張と解放の体験をもたらし、新たな能力を発揮する可能性をもたらします。それと共に、それらは高齢者が外的に失ったものを、内的な豊かさの体験によって補うための大きな力になります。

これらに関連して、高齢者が一年の季節の移り変わりや、個々の生活における祝いごとや祭、儀式や式典を体験することが特別に重要だということが分かります。そこでは、社交的な集まりでの歓談や喜びを味わうだけでなく、亡くなった人のための葬儀や追悼式も体験することがあるでしょう。しかし、心は喜びだけを体験するものではなく、悲しみや苦悩をも味わいつくすべきものなのです。

親しい人との別れは、高齢期に度々体験しなければならないことです。それは、高齢者にとって大変悲しく辛いことですが、同時に彼らを現世の地上的な束縛から次第に解放してくれます。このような心的・精神的な出来事は、人生の根本的なこととして、人智学の人間観による「人間の精神は不滅である」ということを体験する上で、大きな助けとなります。

しかし、現世のすべての喜びを節制することが、高齢者の不満を取り除くわけではありません。彼らにとって、まだ自由に使える力を使う活動と、そして自分の限界を認めなければならない活動の両方をすることが必要です。それは高齢者の生活に活動と休息のバランスをもたらし、それによって彼らは安らぎに満ちた落ち着きを持つことができるようになります。

## 高齢者が持つ傾向

高齢期には、人々の行動範囲は、言うまでもなく狭くなっていきます。また、同じ時代を共に生きてきた人たちは、彼らの周りから次第に少なくなっていきます。残っているわずかな人々の行動の範囲も同じように狭くなり、体力も落ちて、互いに会う機会はほとんどなくなります。そして同僚や友人、親類とは徐々に疎遠になり、あるいは亡くなり、高齢者が以前はどのような人だったのか、またどのような人生を送ってきたのかを知る人は、ほとんどいなくなります。

後に続く世代の人たちは、高齢者が体験してきたこととは異なる体験をし、また異なる見解を持っています。高齢者は、新しい生活の仕方や国の政策、技術の発展や価値の変遷に、いつもついていけるわけではありません。

こうして、高齢期の人々は次第に孤独になっていきます。彼らは、徐々に周りの世界への馴染みが薄くなり、世界の発展や進化を理解することが困難になっていきます。

高齢者は、それぞれの個性を保ち、周りとの関わりを失わないようにしなければなりません。そのためには、自分自身に対する信頼を必要とします。しかし高齢者にとって物質的な世界は遠ざかりつつあり、そこから得られる、さまざまな確信が次第に少なくなっていきます。

このとき高齢者にとって、宗教や哲学などの内面的な価値が重要になってきます。彼らが物質的な世界を手離し、その代わりに、肉体から離れつつある生命力や感情の存在を信頼できるようになると、彼らはまったく新しい境地に至り、新しい体験をすることができます。それは、不確実で、未知の国へ向かう「旅」のようなものです。そしてこの旅は、非常に個人的で予測不可能な旅です。これまでの彼ら一人ひとりの独自の人生の歩みや心の体験、また身体と生命力の活動は、この新しい旅の間に、彼らの目に映る風景や道のり、行動の要因となります。

自我の力は、自分自身をコントロールする強さ、また人生の歩みを活気のあるものにするか否か、あるいはさまざまに異なる新しい体験ができるかどうかなどを決定します。その際、今彼らが存在している環境が、自我の力が発揮されるためにプラスになるものか、またはマイナスになるものであるかを考えなければなりません。

高齢者の精神的な老化プロセスが、彼ら自身の成熟のプロセスとなるか、それとも衰退のプロセスとして体験されるかは、彼ら自身の在り方と周りの環境、そして彼らの周りで暮らす人たちの協力に強く左右されます。

「高齢者の個性が引き続き保たれるかどうかは、彼らの周りにいる人たちが持っている、関係をつくる能力に強く依存する」と、イギリスの社会心理学者、トム・キットウッド[34]が述べています。

## 老化プロセスにおける特別な現れ方

すべての人が、ここまでに述べてきたような経過で高齢期を過ごすわけではありませんが、先述の内容は、私たちが高齢者介護において、少なからず直面する事柄です。

今日の高齢者介護の枠組みの中で、介護を必要とする人たちには、二つの大きなグループがあると認められます。この二つは、日々の介護の中で、私たちに幾度も繰り返し問いかけ、全く異なった仕方で介護の力を要求します。

34　１９８０年代末に、認知症患者への「パーソン・センタード・ケア」を提唱

これら二つのグループを明確にするために、ここではそれぞれの極端な現れ方について描写しますが、両者の間には、考えられる限りのすべての個性的な変化の形があります。

一つのグループに属する人々は寝たきりで、集中的な身体介護を四六時中必要とします。彼らは完全に目覚めることはなく、胃管チューブにつながれ、失禁があるかもしれません。身体的活動はすべて、他者の援助を必要とします。数週間、数カ月、あるいは数年間もベッドの上に横たわり、その状態は日々全く変わりがないように見えます。適切な介護が行われれば、床ずれや肺炎、その他の身体的な苦痛を被ることはありません。しかし、それにも関わらず、ある日突然床ずれができ、急性疾患にかかることがあります。そのような状態で、彼らは亡くなるまで、明けても暮れても、ベッドに横たわっています。

もう一つのグループの高齢者は、空間（物質的世界）と時間（生命プロセス）の認識ができません。自分自身の状況（心の有りよう）、最後には自分自身の人格（自我）さえも分からなくなり、一般的に認知症的変化と特徴づけられる人々です。人智学を基にした人間理解では、このような場合には「方向感覚に問題のある人」と表現することが、よりふさわしいと考えられています。

このような高齢者はほとんどの場合寝たきりではなく、多くは周辺一帯を歩きまわります。身体的な力やその可動性から見れば、彼らは完全に自己管理できるのですが、方向感覚がないために、それができない状態なのです。

彼らの感情は非常に敏感で、周囲の人たちの気分や心情を正確に感じ取り、それを受け入れ、的確に反応することができます。彼らは「やってみたい！」「行ってみたい！」など、強い欲求に駆りたてられるかのように、絶え間なく感覚体験を探し求め、まるでこれまでに出会ったことがないものを探しているかのように、周囲のものに触れ、引っ張り、撫で、揺り動かし、歩きまわり、周囲の人に話しかけたりします。または、一定の型にはまった行動を繰り返し行います。

彼らの表現や考え方は、私たちには理解できず、また近づくことができない世界にいるように見えます。しかし、彼らの言葉には、一人ひとりの機知や独創性が現れ、彼らの振舞いは魅力的ですらありますが、時には、彼らの言葉や行為が攻撃的になることもあります。また悲しんでいる様子や、理由のないように見える笑いは、気まぐれに入れ替わり現れます。彼らの感情は強烈ですが、それを自分自身で意識しているようには見えません。

## 構成体の多様な状況

先に述べた二つのグループの現象は、四つの構成体の観点から見ると、構成体どうしの結合の仕方が、それぞれ異なる形で弛緩しているものと捉えられます。

第一のグループの場合、彼らの肉体と生命体は力強く存在しているように見えます。眠っている人と同様に、彼らの生命プロセスは妨げられずに働き、肉体的にはほとんどの場合とても健康な印象を与えるため、近しい人々は時として、彼らが死に至らないことを気の毒に思うこともあります。彼らの状態は、私たちに植物を想起させます。

第二のグループでは、それぞれの構成体の状況が全く異なっています。彼らの肉体と生命体はもちろん存在していますが、それらの力は衰えています。彼らの内では自分の身体への関心は、もうほとんどありません。彼らの身体はむしろ、彼らの心が欲している新しい体験に向かうための乗りものになります。感情体と自我は、変容した彼らの感情や意識と共に、集中的に、あるいは全く脈絡なく頻繁に活動しています。感情体と自我は、互いに弛緩した状態でひとり歩きし、もう秩序正しく協力し合うことはできません。彼らにとって、心に湧きおこる感情は絶対的に重要な位置を占めています。

高齢者の個性（自我の在りよう）は、一人ひとりの人生における経験と関連しており、独自の現れ方をします。また彼らは、相手の自我を敏感に知覚します。私たちは、彼らに私たち自身の自我の在りようを見透かされているようにも感じます。彼らを欺くことはできないのです。

高齢者の奇妙な振舞いと、彼ら自身の独自の人生の歩みとは、互いに関連しています。秩序が失われた彼らの状態を、彼らがずっと以前に体験したことを消化するプロセスとして理解するために、この関連は手がかりとなります。つまりそれは、私たちにとって、彼らを理解するための重要な糸口なのです。

## 高齢者の存在が意味すること

現在、多くの高齢者に、今まで述べてきたような状態が見られます。彼らの歩んできた人生が持つ意味を理解しようとするとき、私たちの視線が外的な状況だけに向けられていると、その意味を理解することはとても困難です。

あるとき、足が不自由で意識もなく、ベッドに横たわっているだけの重度の要介護女性を目の前にして、一人の介護者が「このような状況から解放される方が、彼女は幸せではないでしょうか」とルドルフ・シュタイナーに尋ねました。するとシュタイナーは「いいえ、彼女が地上にいる毎日、毎時間は、彼女のためだけではなく、全人類にとって意味があるのです」と答えたそうです。[35]カール・ウンガー博士[36]の手紙には、ルドルフ・シュタイナーの、もう一つの言葉が書かれています。「地球が未だ破壊されないのは、人間が生きている間、その身体を保ち、さらに変容させているからです」。

小さな火種のようなものであっても、生命がある限り、肉体の中では浮力が働いています。人の生命力が終末に至るまで、何年も寝たきりであっても、床ずれを起こさないのは、人が持つこの浮力の働きによるものです。

---

*35 ヴァルドルフ学校教師アレクサンダー・シュトラコシュによる伝承
36 シュタイナーの社会三層化運動に深く関わった、ドイツの人智学者

この浮力は――宗教的な観点から、キリストの復活の力を思い起こすかもしれませんが――私たちが生きている限り、すべての人の身体の中にあるのです。地球の一部としての私たちの肉体は、精神的な諸力の器であり、表現です。物質世界に存在している、あらゆるものを押し下げ、乾燥させ、硬化させ、打ち壊そうとする力に対し、すべての人間の生命力、とりわけ肉体を自由に動かすことができず、床に伏している人の生命力は、浮力を増すのです。

この事実は、介護者にとって、無意味に細々と生きているように見える高齢者のために、より良い介護をしたいと考える強い動機となることでしょう。さらにそれは、起き上がれなくなった人が、少なくとも日に一度はベッドの縁に腰掛けることができるように、また歩けなくなった人が、せめて昼間、一度でも自分の足で立つことができるように、私たちが手助けするための正当な理由となります。

毎朝、人が目覚め、起き上がるときには、重力に逆らって自分の身体をベッドから持ち上げ、まっすぐな姿勢にします。寝たきりの人はもうこの力を奮い起こすことはできませんが、その力は未だ微かに働いています。そして死の淵を越えたとき、物質としての肉体は初めて完全に地球の重力に支配され、二度と立ち上がることができなくなります。

また、第二のグループに属する、方向感覚を失った人々について、「周囲に対して自らの苦悩と滑稽さをさらしながら生きている、憐れむべき無意味な存在である」と捉えるような考え方は、精神的な視点を得ることによって相対化されます。外界に対する方向性を失った状態にある人生段階は、彼らが自らの運命を消化する時期であり、それは同時に死後の生のための準備なのですから、やはり彼らにとって毎日、毎時間がとても大切なのです。

今、私たちとは異なる体験をしている高齢者は、いつかそのときが来たら、彼らが足を踏み入れる新たな世界を、鍵穴から覗き見ている人のようです。彼らは、私たちより遙か前を歩んでいるように見えます。

彼らと出会うことによって、私たちは、私たち自身の理性によって把握できることより、遥かに多くの真実を学ぶことができます。彼らは、その風変わりな、罪のない心の状態で、社会生活における周囲の人々の率直さ、誠実さ、信頼性を求めます。彼らが持つ純粋な人間性は、まるで酵素のような働きをし、それによって私たちに、より良い人間関係を築くための訓練の場を与え、私たちの人間性を熟成させてくれます。

産業化した現代社会の中で、高齢者人口の増加を目前にするとき、「彼らは私たちにとって、本当に単なる重荷でしかないのだろうか。あるいは彼らの存在によって、現代社会が持つ冷たさや破壊性、暴力性に対して、人類がバランスを築く能力を発展させることができる、という隠れた意味があるのだろうか」という問いが生まれます。

# 7. 健康

健康という言葉は、人が自律性を持てる力と捉えることができます。すなわち、周囲との境界を保ちながら自らの内に閉じこもらず、孤立することなく心を開き、他者に頼らず自立した個別の存在として、人々と協調して生きることができる力です。

健康―ＷＨＯによれば、身体的、精神的、社会的に健全であることと理解される―とは、自分の内面と、そして外界との調和を保つために費やされる、絶え間ない努力の結果なのです。

以下の考えは、病気の発生に関する問題としての疾病論ではなく、人を健康にする、あるいは健康を維持できる、さまざまな力に関する〈健康生成論〉[37]の理念です。

## 身体の健康

〈健康生成論〉における身体の健康は、常に変化する周囲の状況や影響に対して、意味のある適切な反応を示す身体能力＝適応能力を指します。

37　病気を引き起こす要因ではなく、人間が健康で、より良い存在となることを支える要因に焦点を当てたアプローチ

ミヒャエラ・グレックラー医師は、〈健康生成論〉において、「健康な身体は、生物が健康な状態を保持しようとする傾向や現象（ホメオスタシー）によって得られるものではありません。成長、変化、自己表現しようとし、今とは違うものになろうとする動機（ヘテロスタシー）から生じるプロセスを、ホメオスタシーのプロセス内で絶え間なく変化させ、周囲の状況に対する適応能力を高度に備えることによって形成されます」と述べています。

それ故、慢性疾患や障がいのある人も、人工補装具や補助手段、あるいは補助的な医薬品の使用によってつくられる適切な状況や環境に助けられます。そして、自身の状態と折り合いをつけながら、彼らにとっての健康な生活を送ることができるようになるのです。

## 心の健康

〈健康生成論〉では、心の領域における健康は、社会的な健康に繋がると考えられています。それは、誰もが持つ、他者との親密な繋がりを求める感情、すなわち「この世に存在しているすべてのものと良い関係を持ちたいという感情[38]」に現れます。

人は、自分にとって社会が意味のあるものであるように、自分自身も社会的な価値のある人間だと考えて暮らしています。そして誰もが、相互に与え、与えられる関係に基く連帯社会の一員

*38　ミヒャエラ・グレックラー医師

としてだけではなく、個人的な関係にある人たちをも必要としています。それは特に、人が大きな幸せの中にあるときや、最も深い悲しみを耐えなければならない極限状況の中で、必要とされます。

喜びを互いに分かち合うことは生命力を強め、また苦しいときには、たとえ近くにいなくても、自分を理解してくれる人がいるということだけで、最悪の状況を耐えることができる力を人にもたらすものです。[39]

私が他者からの援助を受けるのみでなく、他者の役に立ち、その人にとって大切な存在であるという事実は、私の心の健康を強めます。クラウス・デルナー[40]によると、「自分が他者にとって社会的な意味のある存在でありたいという願いは、人間の基本的な欲求」なのです。

## 精神の健康

精神の健康は、〈健康生成論〉では回復能力として認識されます。回復能力とは、直接に関わっている物事ではなくても、その人を滅入らせ病気にさせてしまうような、否定的・破壊的・

---

*39 ヴィクトール・フランクル著『それでも人生にイエスと言う』山田 邦男・松田 美佳 訳　春秋社１９９３
40 ドイツの精神科医

敵対的な影響力を持つさまざまな試練に対する抵抗力です。

心の領域の健康を考えたときには、個人的な悲しみについて述べました。しかし、精神の領域では、その意味を理解することが課題となります。私たちは、直接には何ら対処できないような、酷い暴力や残酷な事故、思いがけない大災害に対して大きな無力感を抱きます。「神はどうしてこんな酷いことを許してしまうのか！」と。

回復能力とは、そのような状況下でも、この試練は「人類の進化の過程の中で必要であり、有意義なこと」[41]であると捉え、自分の人生にとってその状況の意味を見いだし、運命に対する信頼を育てることができる力です。

このように、精神的に健康な人は、どれほど非情で運命的な出来事であったとしても、より広い視野で見ることができます。彼らは自分の考えに確信を持ち、未来への展望が開けるような視点を持つことができるが故に、それを受け入れ、その後の人生をより良く形成することができるのです。

---

*41　ミヒャエラ・グレックラー医師

# 8. 病

## 身体の病

病の徴候は、健康を維持するための能力 ―分泌物の形成、熱の発生、感受性の強さ、組織の圧縮あるいは分解、緊張、弛緩など― が、不適切な場所に、不適切な時に、不適切な程度に病理的に生じる場合に見られます。また、バランスが崩れて一面的に強すぎたり、弱すぎたりした場合、そして、その徴候が一度進行しはじめて制御できなくなる場合などに、初めて病的と見なされます。

それらの徴候は、拒絶反応や機能亢進、機能低下、機能不全、あるいは痙攣、麻痺、腫瘍、または他の誤った作用などに関わる問題である場合があります。しかし、いずれの場合であっても、以下の相反する二つの状態の間に、再び健康なバランスを見いだすことが、重要な課題です。

すなわち、

多すぎる ―― 少なすぎる
固すぎる ―― 柔らかすぎる
激しすぎる ―― 弱すぎる

張りつめすぎる ― 緩めすぎる
乾きすぎる ―― 湿りすぎる
青白すぎる ―― 赤すぎる

などです。

二つの極に現れる病を、人智学を基にした医学では冷たい病、熱い病と呼びます。

冷たい病のグループには、硬化、痙攣、沈着、結石形成、退化的疾患（消耗）など、固化や停滞、そして最後には身体を分解へと導く、あらゆるものが数えられます。冷たい病は、形を与える傾向が優勢で、通常は神経‐感覚系にある諸力と深い関係があります。

熱い病には、炎症やアレルギーなど、熱病、分泌物形成、溶解、腫脹などの方向に進むものがあります。熱い病は、健康なときにおける代謝システムの機能と類似性を持ち、溶解のプロセスが強すぎる状態です。

人生の前半における病は、炎症性が多く、溶解の方向にあるのに対して、高齢者の病はほとんどの場合、退化的、硬化的な傾向が働いていることが一般的に見てとれます。もちろん個々人の運命において、病は全く異なる形で現れますが、それは病が、常に人生の歩みそのものであるためです。

同じ病が個々人の運命において、さまざまな年齢で、さまざまに異なった仕方で体験されることだけではなく、ある特定の年齢で、あるいは特定の人生の状況の中で、ある病にかかるという事実。私が特定の苦しみの素因を持っているということ。また私に感染の恐れがあり、あるいはその他の危険な要因があっても病にならない。そのようなことはすべて、各個人の人生と照らし合わせつつ考察することができます。

## 心の病

心の領域でも、バランスが崩れ感情が失われることがあります。心には、相反する二つの極—天まで届くような声を上げたい歓びと、死にたいくらいの悲しみ— の間に、無限に多くの感情の幅を持つという本質が含まれています。

社会生活に関して私たちの心は、一人でいたいという欲求と、他者と共にいたいという二つの欲求の間を揺れ動きます。両極の間で、常に感情のバランスをとることができる人、つまり、苦痛を感じることなく一人でいることができ、同時に社会との関わりの中では、他者と折り合いがつけられる人を、私たちは「心の調和がとれている」と考えます。

心の病の場合、感情生活におけるバランスが、ある一つの局面、あるいは他の局面において崩れ、または急激に二つの局面の間を行ったり来たりして変わるため、治療的な援助が必要となります。しかし、事情によっては、患者を患者自身や、または患者たちの目の前にいる他者から守るために、患者の自由を一時的に制限することもあります。

医師の視点から見た（人智学を基にした医学でも同様に）心の病の体系化は、日常の介護において、一義的に重要なことではありません。むしろ、心の病で変容した人とのやりとりに見られる現象に注目することが大切です。彼らは、根本的に身体の病の場合と同じような特徴を持っています。すなわち、一面では硬化の意味で不安、抑うつ、強迫、自己破壊衝動が、また他面では妄想、幻覚、境界の喪失などの弛緩状態があります。

躁鬱病の場合には、二つの極端な状態が交互に現れます。躁状態では、高ぶった気分の良い状態になることが多く見られます。ですから、良い気分の状態を健康の定義とすることには疑問があります。

### 精神の病

「精神そのものは病にならない」というのが、人智学を基にした人間観の基本的な考えです。ですからここでは精神障がいではなく、精神それ自身は健康でありながら、精神が受けるある種のダメージについて述べることになるでしょう。障がいを持つ身体や心の在りようが、健康な精神の本質を妨げるように見えるのです。

例えば、調子の悪い楽器を使うと、最高の音楽家でも、能力を十二分に発揮した素晴らしい演奏をすることはできません。また工具に不具合があれば、素晴らしく腕の良い職人でも、傑作を生みだすことはできません。

そのように精神は原則的には健康であり、私たちの自然治癒力を強める源泉であり、最終的には、あらゆる治療の礎となります。

職人の例で、この関連をさらに詳しく述べましょう。私たちが病にかかったとき、病によって妨げられた、あるいは不自由になった私たちの身体機能は、いわば、木彫り職人の工具セットの中の、いくつかの小刀が傷んだり失われたりした状況に例えられます。この例においては、木彫り職人は精神を体現するものです。

制限された可能性の中で、彼は自分の腕をふるい、芸術性をできる限り発揮しようと試みるでしょう。場合によっては、それまでほとんど使ったことのなかった小刀を用いることもあるに違いありません。そして、彼が持つ可能な限りの力を発揮すれば、作品を完成させる過程で不具合が生じたことには全く気づかれないほどにまで、作品を仕上げることができるでしょう。これは人智学に基づいた医療の原則です。

職人はまた可能であれば、工具を修理したり、新しいものを調達したりすることもできます。彼は、自分が仕事をするために、何が不足しているかを知ったからです。それは医療者による治療によって可能になるのです。

しかし最終的に、彼は自分がこの工房で働けなくなる日が訪れることにも気づきます。死において、精神そのものは死ぬことはありません。私たちが身に付けていた衣服を脱ぐように、精神が病にかかった身体を脱ぐのです。

# 9. 病と運命

病は私たちの人生の歩みの一部、あるいは結果です。どのような病も、それまで上手くいっていたことが、多かれ少なかれ、これ以上はできないということを明らかにします。病と向き合う中で、私たちは何かを変化させなければなりません。

多くの病の原因は、過去から推測されます。これまでの生き方、栄養、環境などが、一面的でバランスが取れていなかったことによって、障がい、欠乏症状、傷などとして現れたのです。私たちの身体は、私たちにふさわしい生活状況の調整や変化を求めます。

しかし、発病した要因に関する問いは、多くが謎のままです。過去に起きたことに要因を見いだそうとしても、それは病を理解する根拠とはなりません。ですから、私たちは未来に目を向けます。私たちが健康な精神で大きな視野を持ち、病を運命の挑戦として理解するならば、病の意味について問いかけることができます。

**「この病は私にとって何を意味するのだろうか」**
**「私はそこから何を学ぶことができるのだろうか」**
**「この病はどこから来たのだろうか」**

## 「この病は私をどこへ連れていくのだろうか」

健康は、常に不安定なバランス状態にある、ダイナミックなプロセスです。私たちの内に障がいが現れると、身体は再びバランスを取り戻すことを求めます。グレックラー医師は、病について「病が起こす影響を回避しようとするのではなく、病と正面から向き合うことによって自身を強めることが重要なのです」と述べています。その際、負担に耐える自分自身の能力の限界を知り、できるならばその能力を強めることが肝要です。私たちがバランスを求めて苦労することは、新たな能力が開発される学びのプロセスです。上手くいけば、最後には私たち自身の内に生命力が満ち、あるいは不具合を修正する力や、自然治癒力が強くなることもあるでしょう。

私たちは介護によって高齢者を治療することはできませんが、病を持つ彼らとの関わりの中で、高齢者の内に治癒する力が生じるような環境と条件を、繰り返し整えることができます。

介護においては、次のことができます。

**身体の領域**――高齢者に手を貸し、彼らの生命力を支えること。

**心の領域**――適切な環境を整え、出会いを通して心のバランスを取り戻し、互いにつながり合う感情を強めること。

精神の領域——高齢者一人ひとりの個性を見いだし、その価値を認め、彼らが自分の運命と、その運命が示す正しい道を見つけ、自らの足で歩むことができるよう、手助けすること。

## 10. 繰り返される地上の生

人智学では、人間を生まれ変わる存在であると捉えています。個々の人間が核として持っている自我は、物質世界での生活を体験するために、地上で生を受けます。人間は死と共に地上での生活を終へ、新たな形の存在となります。そこでは自我は、地上での人生の体験を消化し自分のものとします。この意味で地上での生活は、さらなる学びの場と捉えられるでしょう。

地上で送る人生の目標は、死後の永い時間を経て次の人生の出発点に到達するまで、自分自身を高めることです。この立場から見ると、個々の人生における不幸、病気あるいは災難などの運命の打撃は、偶然の出来事とは思われません。それらはむしろ、私たちの能力や認識する力を獲得するために役立つ、重要な人生経験と考えられます。

それらの出来事は、地上生活を営んでいる間に、因果応報の結果として現れることもありますが、次に生まれ変わった後の地上生活を体験するときになって、初めて現れることもあります。いずれにせよ、それらは未来の課題を遂げるために必要な能力を勝ち取るための準備と考えられます。

## 地上での人生

私たちの物質としての肉体は、他の三つの人間の構成体の土台です。肉体は物質である地球に属し、受胎すると母親の胎内で、生まれる準備がなされます。

人が誕生し、人生を歩む半ばの時期に（「人生の歩みの記録」の項で述べたように）、高次の構成体である感情体と自我は密接に結びつき、それらは肉体と生命体と共に、地球と結びついていきます。そしてその後、人生の後半になると、四つの構成体は互いにゆっくりと解離しはじめます。これを離肉のプロセスと呼びます。

この離肉のプロセスは、初めに肉体に含まれる水分が少なくなり、皮膚が乾くことから始まります。なぜなら、私たちの肉体の中で、生命プロセスの働きが次第に低下していくからです。その代わりに、生命プロセスのエネルギーは、私たちの感情と思考のために用いられるようになります。

感情体が肉体から離れはじめると、私たちの肉体から物質的構造が失われていきます。それは皮膚に皺ができる、肌の弾力が失われる、髪が少なくなるなどの形で現れます。肉体の形成に費やされた感情体の力は、これ以降は心の生活のために自由に用いられるようになっていきます。

これらすべての経過を、私たちは身体の老化として経験します。しかし、それは同時に、思考と心の生活の自由な発展をもたらすのです。その際、自我は思考と心の生活を同時に保ち、秩序づけ、さらに発展させる課題を担います。

死に向かう過程は、自我と感情体、生命体が、肉体から離れはじめる人生の歩みです。この解離が最終段階に来たときに地上界から天上界への移行、すなわち死が訪れるのです。

## 死後の肉体

死の直後、肉体から生命体が離れることによって、肉体は無機物となり、再び完全に地球に戻され、同化され、地球の一部となります。残りの三つの構成体は、地球のすぐ周辺にあり、永い時間をかけて次第に肉体から解放されていきます。

## 死後の生命体

こうした解離の状態にあって、死後すぐに私たちは心の中で一つの像を知覚します。そこでは、生きていた間に生命体が体験したことが、まるでフィルムに映されたように描き出されます。臨死体験の中でこれを観た人の多くは、この像を、「人生で体験したすべてのことが同時に並んでいる情景画のようであり、まるで大きなパノラマを観ているようだった[42]」と表現しています。

その体験で特徴的なことは、その人の心と自我が、その像に何ら影響を及ぼさないことです。

---

*42　Dr.Raymond Moody "Das Leben nach dem Tod", Oliver Ritchie "Rückkehr von Morgen"「かいまみた死後の世界」評論社 1989 参照

その像はただそこにあり、観ているだけです。この状態は、私たちが地上で生きている間、眠らずに生きていられる時間の長さだけ続きます。それはおよそ三日間です。[43]

この三日間で、息を引き取った人の生命体は、地球を取り囲んでいるエーテルの覆いの中へと次第に溶け込んでいきます。生命体が消滅するに従って、人生の情景画は少しずつ薄く弱まっていき、生命体が完全に消滅すると同時に消えます。

生命体の内に記された、私たちが人生で獲得した能力や習慣。例えば自転車に乗り、歌を歌い、考え、遊び、楽器を演奏し、コンピューターを操作することなどは、こうして、生命体の源泉である、地球を取りまくエーテルの中に移り、全体の一部となります。

## 死後の感情体

さて、死後、生命体と離れた私たちの感情体はアストラル界に、自我は宇宙の精神領域に行き、それぞれそこに留まります。感情体と自我はこの領域で、再び人生を振り返ります。

それは地上で送った人生で体験した心の領域の出来事ですが、そこではスクリーンに映る映像のように観るのではなく、死の直前の人生の最後の瞬間から、誕生までの時間を後戻りして体験するのです。その際の体験は、自分自身の感情ではなく、私たちが地上で生きていた間に、

*43 第一章1.「人間の四つの構成体」、第一章2.「眠りの本質」参照

自分の属する社会環境（家族、親族、友人、知人、同僚などの人間関係）において、彼らに与えた感情のすべてです。私たちが他者の心に引き起こした、あらゆる喜びや幸せ、あるいは痛みや辛さを今、私たち自身が体験するのです。それはいわば、自身の行為を補う体験です。そこで私たちは、地上で他者に与えた喜びを自分の喜びとして、また他者に与えた痛みを自分の痛みとして体験します。

ここでも、私たち自身の感情と自我は全く介入することはできません。ましてやそれらを変えることもできません。ただそれらを受け入れることが重要なのです。つまり、自分が他者に与えた感情を自分自身のものとして体験することによって、地上でできなかった感情体験を補うのです。それによって、私たちは社会的な共同生活における、より深い洞察を得られます。

私たちが地上で過ごした人生の中で、自我によって完全には抑制されなかった強い飲酒欲、支配欲、度を越した物質欲などの心の欲求は、アストラル界で清算されますが、心が欲求しても、今はそれを満たすための肉体は既にありません。この満たされない欲求が強ければ強いほど、心は苦しみます。

死と新たな誕生との間で、この時期は、過去の人生の約三分の一の時間だけ続きます。それは、その人が一生の中で、眠って過ごした時間に相応します。これは、キリスト教会では、煉獄または浄化、カマロカと呼んでいるものです。

ここで初めて私たちの死後の心は欲望から自由になり、地上での肉体と生命体から解放され、感情体はアストラル界に融合します。ただし、ここで完全に解消されなかった地上での人間関係や、解決されなかった心の問題は、不透明な残滓としてアストラル界に留まります。

## 死後の自我と新たな受肉への衝動

地上での存在構成である肉体、生命体、感情体が死後それぞれの領域に融合した後も、自我は私たち一人ひとりの存在の核として残ります。そして人間存在の核は、次の領域である自我の故郷へと広がっていきます。宗教的概念では、それは創造主の世界と表現されます。ここで私たちの自我は、より高次の自我、すなわち私たちが地上で生きている間に、完全には他の三つの構成体と結びついてはいなかった自我の部分に出会います。

ここには、地上で過ごした人生で得たもの、すなわち私たちの自我が、地上での経験や訓練によって獲得した忍耐力、注意深さ、共感する力、音楽性、愛情、思いやりの心などの力が残されます。このような人生の成果は、高次の自我を豊かにし、より完全なものに近づけます。

そして私たちはここで、審判者の前に歩み出ます。私たち自身を創造した源である精神的な存在が、私たちが地上で新たに獲得した能力を評価し、整理します。つまり、新たに獲得した能力を正しい方向に向け、分類し、私たちの自我が精神界で占める位置と価値を示すのです。

その際、これ以降も私たちが完全な存在を目指して進化するために、補わなければならない能力、あるいは満たされるべき欠陥も示され、私たちはそれを認識します。こうして、私たちの内で、次の人生への衝動と使命が生じます。精神界から見ると、次の人生の原型が、ここで作られるのです。

しかし、それは次に来るべき人生を、あらゆる局面において詳細に定めるものではありません。計画はむしろ、過去の人生での関わり合いを解消し、あるいは完全なものにし、新たな絆を結べるように、新しい能力が獲得され、あるいは必要な能力が補われることにあります。

## 新たな受肉への準備

この領域での大部分の時間と力は、肉体の形態を計画し、それを作成するために使われます。私たちの存在の核である自我は、新たな受肉の衝動によってより豊かにされ、刺激されて、再び自身の進化と発達を願います。そのためには、地上での新たな人生を過ごすことが必要となります。なぜなら人類には地上でのみ、個人的な進化と発達のプロセスを可能にする空間的、時間的な状況が与えられるからです。

物質界に存在し、肉体に縛られていても、人は意識においては独立しています。すなわち、地上で生きるということは、宇宙の精神諸力の働きから切り離され、自分で考え、自分で決定し、それに対しての責任を負う状況にあるということです。ここに、選択し、判断を誤り、間違った行為をし、それを訂正し、責任を負うという、地上で生きる人間の自由があるのです。

## 再び、地球への道

私たちが地上に生まれ変わるときが来ると、自我は故郷を離れて再び地球に向けて出発します。自我は初めに、自身に感情体を取り込むために、感情体を形成するアストラル界に戻ります。そこで自我は、前世を終えて地球から去った後、置き去りにした自らの心の問題（残滓）に出会い、自身にとって重荷となるそれを感情体と共に受け入れます。

新たな感情体と共に、私たちの自我は地球の近くまで移動します。そして再生するために、自我が計画している人生に最もふさわしい物質環境としての肉体を探します。場合によってはここで、既に未来の両親と結ばれる微《かす》かな関係が生まれることもあります。例えば受胎する時、あるいはその少し前に、母親は特別に心に触れるような深い感情を覚え、妊娠しているという確信を持つことがあると言われています。それは新しい母親との微かな触れ合いなのです。

こうして受胎と共に人は再び受肉し、地上での新たな生が導かれます。

人が転生することを認識する意味は、私たちが地球上に生まれることが偶然ではないと知ることにあります。あらゆる人の受肉は、前世を含むすべての転生で犯した間違いや、やり残した課題、また発展させた才能、チャンスを生かしてやり遂げたことなども含めた、一人ひとりのこれまでの長い進化と発展の結果なのです。

転生とカルマの認識は、私たち自身の社会的環境や心の生活、また他の人間との関係や自然（エーテル界）との関連についての洞察を得られる力になります。

## 11. 介護の理解

介護は、物質的な生活（＝身体生活）、心の生活、精神生活の三つの次元で行われます。

身体の領域では、絶えず変化しつつある身体的状況において、繰り返し、新たなバランスを高齢者自身が見いだすことが大切です。それを支えるために、介護者は高齢者の身体のケアをしながら、七つの生命プロセス（呼吸、熱、栄養、排出、形姿形成、成長、再生）を見守り、これらの働きを助け、調整しながら身体に働きかける必要があります。

心の領域で大切なことは、高齢者の心を整え、ふさわしい刺激によって正しく方向づけるために、介護者が、高齢者自身が理解でき、直接触れ、動かし、操作することができる環境をつくり出すことです。そして、その環境が生かされ、高齢者の健康が支えられ、促されるように努める必要があります。

高齢者は、

**介護者が事柄を明確に示すこと。**

**介護者が高齢者を尊重すること。**

**介護者が示すことの意味を、高齢者自身が理解すること。**

を必要とします。

それらが叶えられてはじめて、体験が高齢者自身のものとなり、彼らが彼ら自身の世界をコントロールできるようになります。また介護者の援助を受けて、彼らは自分自身と、そして周囲との一体感を体験する可能性を手に入れることができるのです。

精神の領域における介護の目標は、高齢者が自分自身の運命・カルマを信頼し、自分の人生が全人類にとって、また地球にとって意味があるという認識を持てるように促すことです。この認識を持つと、彼らは自分の行動と、あらゆる決定に、自分自身の力で向き合えるようになります。介護者は、自分に委ねられた高齢者が持つ、侵すことのできない個性に敬意を抱きながら彼らを助け、彼らの歩む道を整えつつ働くことができます。そうして介護者は高齢者に対して率直に、そして誠実に向き合い、また、彼らに深い関心と愛情を持ちながら介護をすることができるようになります。こうした介護を通して、介護者自身も高齢者との良き出会いを持つことができるのです。

身体の介護に関しては、予防的な措置や、医療者から指示された行為を日常的に行うこと、またそれらを応用することによって、他の状況をも補足する介護を行うことができます。

身体の介護のために介護者が、ヴェークマン－ハウシュカによるリズミカルマッサージやキネスティック、[44]基礎刺激[45]などを学んで施術すると、それらは高齢者の身体に調和的に作用し、さらに介護の幅を広げることができます。

身体の介護を行うとき、高齢者と介護者の身体が触れ合うことによって、心の領域では言葉によらない対話が成立し、問いと答え、すなわち作用と反作用の力が生まれます。さらに言葉によるコミュニケーション、顔の表情、身振り、手振りによって理解し合うこともでき、それらは互いに尊敬し合うことを促します。その場合に大切なのは、介護者が高齢者に対して礼儀正しく振る舞うことです。

また、部屋のレイアウト、ベッドその他の調度品、介護病棟全体の雰囲気なども、介護者が自身の外見を美しく整えることと同様に、高齢者の心を刺激するための支えとなります。

同様に、明確な意味を持ち、リズムがあり、計画通り行われる日課は、高齢者に約束事が守ら

44　医学的なリハビリテーションにアレンジを加えた機能回復技術
45　動き、（非言語的）コミュニケーション、知覚を促進するための刺激となる活動

れるという安心感を与え、同時に彼らの生活の方向づけを助けます。その際、引き続き、高齢者自身がそれを決断し、決定する可能性が保たれなければなりません。

介護の精神的な働きは、より高い見地から考察したところにあります。高齢者自身を含むすべての人が、彼らの現在の外見、年齢、病気、記憶の不確かさなどに左右されず、「今は身体的、心的状態によって表現方法が制限されているが、彼らは彼らの中心に、常に健全な精神の核を持っている」ということを真摯に受け取ることが重要です。

そのための基本的な前提となるのは、一人ひとりの内にある真・善・美を信頼することです。人間は物質を超越した精神を備えた存在[46]であるということ、また誰もが輪廻転生するという認識を持つことは、この信頼を育てるための大きな助けとなることでしょう。

介護における専門性は、学ぶことによって知識を得、技術を習得し、深く思慮し、自分を省みることによって生じます。この専門性は、自身の課題をあらかじめ考え、際限なく押し寄せる日々の仕事を繰り返し計画し、準備し、実施し、復習し、反省する力を介護者に与えます。[47]

すべての介護者は、専門性の他に、自身の人生の歩みから学んだこと、また自身の強さ、弱さ

---

*46 現世の、目に見えるもの、知覚できるものを超えた存在

*47 Reflektierendes Erfahrungslernen im Pflegeprozess bei M.Krohwinkel und Patricia Benner: vom Laien zum Experten. 参照

を持っています。これらすべては、高齢者を支え、彼らが歩む道に付き添うために、介護の仕事の使命に組み込まれています。そして、介護者は他の人々に助けを求めるというよりむしろ、高齢者の家族や親類、医師、療法士、民生委員、その他の専門職を持つ人たちと連携して、高齢者と彼らの間を、徹底的に仲介する働きができます。介護者にとって不可能なことは、介護する高齢者との100％の一体化だけです。

高齢者も介護者と同様に、自身の人生の歩み、経験、強さ、そして弱さを備えています。高齢者が特別に困った状態に陥ったときは、介護者と高齢者が互いに影響を及ぼし、互いがより深く知り合う機会となり、またそれをきっかけに介護の重要で核心的な問題が明らかになるでしょう。高齢者と介護者との関係が、ここに基盤を見いだすのです。

介護の働きによって、高齢者の在り方は絶え間なく変化します。そしてさらに、両者の出会いは、介護者自身の人生の幅を広げます。それによって介護の仕事は、単なる職務を遂行するということを超越し、より高い次元に達します。

あらゆる次元において、高齢者と介護者が互いに影響し合う経験を、それぞれが自らの人生に組み入れようとする努力から、すべての当事者にとって介護の意味が生じます。

介護における高齢者と介護者の相互作用、つまり両者の連携には、何か全く新しいもの、あるいは思いがけない恩寵が生まれる機会が存在します。[48] それによって介護は、変化しつつある高齢者の人生の状況を、彼ら自身の人生の歩みに組み入れるための一つの道となります。この道は治癒へ、または病気と障がいが重なることや、死へのプロセスを歩むことへと通じます。

これまで述べてきた、人間の「四つの構成体」「三分節」「十二感覚」の構想は、ルドルフ・シュタイナーの精神科学によるものであり、それは介護者を支え、人間が持つ精神の核を知覚し、それを正しく評価し、また自身の力にすることができるものです。

---

*48 Martin Buber " Ich und Du " 参照
マルティン・ブーバー「我と汝・対話」岩波書店 1979、「我と汝」講談社学術文庫 2021

# 第三章　人智学を基にした介護モデルを介護計画に応用するための助言

——モニカ・クローヴィンケルによる〝日常生活活動と実存体験の概念モデル（ＡＥＤＬ）〟を例に——

## 介護モデルを実践に応用するために

導入で述べたように、本書の介護モデルは、一般的な介護施設で用いられているモデルと違ったものではなく、それらのモデルと関連し、人智学の人間観を背景にしているものです。

第三章では、「人間の四つの構成体」や「十二感覚」、そして「人生の歩みの記録」の構想が、実際の介護の計画や実践、資料の作成、整理、活用において、どのように具体化されるかを示しています。

## 1．意思の疎通

### 《四つの構成体の観点から》

**肉体のレベル**

・言葉によるコミュニケーションが可能ですか（見る・話す・聞く）。
・非言語コミュニケーションが可能ですか。
　―手話、首振り、目線、表情、ジェスチャーなど
・補助具は必要ですか。
　―眼鏡、補聴器、コミュニケーションボード、パソコン、特殊電話、特殊な着信音など

**生命体のレベル**

・コミュニケーションを難しくしたり、制限したりするような病気はありますか。
　―脳卒中、一過性脳虚血発作、パーキンソン病、うつ病、認知症など
・呼吸の仕方によってコミュニケーションができますか。
・トイレに行きたいタイミングを、スタッフや高齢者自身が、どのような形で把

握できていますか[49]。
・幸福感や痛みを、どのように表現していますか。

**感情体のレベル**

・感情をどのように共有し、表現することができますか。
　──そのために、好きな毛布・写真・動物のぬいぐるみというような、スケープゴート（身代わり・生贄）になる補助手段が必要か
・感情を伝える際に独特な表現方法を用いますか。
　──大声を上げる、特別な造語を使う、部屋のお気に入りの場所に留まる、キスをするなど
・コミュニケーション活動に参加していますか。
　──美容院、理髪店、ゲーム、勉強会、祈りの時間、歌、リズム運動、ダンス、マッサージ、入浴、話し合いグループ、集会、季節の造形、童話や物語の時間、音楽、飲食、軽い運動、瞑想の時間、ガーデンパーティー、送別や歓迎の式、夕食前の集まりなど
・母国語は何語ですか、あるいは特定の地域の方言を使いますか。

---

*49　「排出」181ページ参照

・絵を描くことで自己表現をしますか。
・「私のお母さんはどこ?」など同じことを繰り返しますか。
・お世辞を言ったり、作り話をしますか。
・独特な造語を使いますか。
・表現能力が衰えて、話が支離滅裂になりますか。
・メディアに興味がありますか。[50]
　―本、新聞、雑誌、ラジオ、テレビ、パソコン、インターネット、電話など

**自我(個人)のレベル**

・自分に自信がありますか、自分自身にどのようなイメージを持っていますか。
・どのような人と関係を持っていますか。
・他者に話しかけますか、あるいはひとり言が多いですか。
・他者とのコミュニケーションを受け、理解することができますか。
　―どのようなコミュニケーションを受け入れ、理解することができるか
　―どのようなコミュニケーション形式を好むか

*50 「作業への取り組み」207ページ参照

## 《十二感覚論の観点から》

### 触覚

・接触を通したコミュニケーションが生まれます。

・接触による意思疎通ができます。

―リズミカルアインライブング、基礎刺激などの施術

・コミュニケーション不足からくる自己刺激は触覚によるものです。

―こする、かきむしる、マスタベーションをするなど

### 生命感覚

・生命感覚によって、コミュニケーションの仕方による身体的状態が明らかになることがあります。

―病的な多弁、黙りこむ、合言葉を使うことなど

### 運動感覚

・運動感覚によって、身体的な動きと思考は連動します。

―ものごとの脈絡を理解する

―動きの器用さ

―コミュニケーション手段としての顔の表情

**平衡感覚**

・平衡感覚によって、集中する力がもたらされなす。
　―一つのテーマに留まるか、あるいは逸脱するか
・平衡感覚によって、基準を自分に置くか、周りに置くかが決まります。
　―「私は…思う、する」と言うか、「人は…言う、する」と言うか
・平衡感覚によって、自分自身の見解を持つことができます。

**嗅覚**

・メッセージとしての匂いの知覚ができます。

**味覚**

・味のある表現ができます。
・味覚によって、言葉の選択が左右されます。
　―華美な言葉、礼儀正しい言葉、下品な言葉など立場や場面によって
　の言葉の使い分け

**視覚**

・ものごとの見方、視点、、見通し、総合的な視野、見晴らし、思慮、希望、気配り、用心、視野の広さ／狭さなどがもたらされます。

**熱感覚**

・熱感覚によって、コミュニケーションが生まれます。
　―喜び、愛情、心の温かさ、配慮、情熱、激しい議論、かんしゃく、冷淡、
　冷酷、シニシズム（冷笑主義）など

**聴覚**

・傾聴、内面の静けさ、遠慮、受け入れる用意ができます。
　―伝え方によって聞こえ方が変わる

**言語感覚**

・言語感覚の働きが失われることによって、聴覚の障害による感覚性失語症や、構音器官（舌・喉・唇など）の障害による運動性失語症などが引き起こされることがあります。
・言語感覚によって比喩的な言葉や、情報伝達としての行為を生みだすことができます。

**思考感覚**

・思考感覚によって、「メッセージ（お知らせ）」の理解や「意味」・「背景」の認識が可能で、働きが弱ると認知不能や行動不能になります。

### 自我感覚

・自我感覚によって、他者との関わりが生まれます。
　―関係を維持すること、他者を理解すること、他者の立場に立って考えることなど

## 《人生の歩みの記録の観点から》

・高齢者は、自分の人生の歩みを、他者にどのように受け取られたいのでしょうか。

・人生の歩みの中で、本人にとって重要な人物が施設内にいますか。
　―出身国あるいは出身地が同じ、話す言葉が同じ、職業が同じ、関心が同じ、共通体験がある、生年月日が同じまたは近い、などの人

・人生の歩みの中で、本人にとって意義のある何かが、施設や周りの環境にありますか。
　―台所、図書室、管理人室、地下の駐輪場、音楽室、畑、花壇、牛舎、ペットなど

## 2. 動き

### 《四つの構成体の観点から》

#### 肉体のレベル

・身体はどのように動きますか。
・自分の力で起き上がり、またベッドの縁やベッドの上、あるいは椅子に座ることができますか。
・一人で身体の向きを変えること、あるいは姿勢を変えることができますか。
・関節が自由に動きますか。
・どのような要因によって可動性が制約され、あるいは妨げられていますか。
・拘縮はありますか。
・他に身体のひずみはありますか。
・身体をよく動かすために何を必要としますか。
　―丈夫で良い靴、散歩用ステッキ、眼鏡、補聴器など
・他に何か補助手段が必要ですか。
　―歩行器、回転扉、車いす、立ち上がりを助けるものなど

・周りの環境は、運動しやすいように整備されていますか。
・以下のものはありますか。
—広い通路、手すり、すべての場所における安全な支え、滑らない床、案内標識、安全な階段、施錠された／あるいは施錠されていない扉、特に強い動きの衝動が起きたときに自由な運動が適切／十分にできる[51]
・ベッドには十分に動ける広さ、幅と長さがありますか。
—楽に上り下りができるか
—高さの調節が可能か
—どのような支持金具があるか、あるいは必要か
—格子は必須か（高齢者の同意、もしくは家族の同意が必要な場合がある）
・介護サービスを利用できますか。
・体位を変える措置は必要ですか。
・必要とされる体位のための手段はありますか。
・ボバース法[52]やキネスティック（筋運動）、あるいは他の運動法を用いることが必要ですか。

---

*51「安全で支援的な環境への配慮」221ページ参照
52　1940年代にイギリス人医師ボバースにより開発されたリハビリテーション治療概念

## 生命体のレベル

・運動を妨げる病気がありますか。
・痙性《けいせい》疾患、[53] 麻痺、感覚障害を伴っていますか。[54]
・震えがありますか。
・大きな、あるいは細かな運動能力はどのような状況でしょうか。
・めまいがしますか。[55]
・医薬品による影響がありますか。
　— 医薬品は動きを援助／侵害するか
・可動性や活発さによって、消化が肯定的／否定的な意味で影響を受けますか。
・食後の散歩などをしますか。[56]
・可動性や活発さによって、呼吸が肯定的／否定的な意味で影響を受けますか。
・呼吸に問題がある場合、特別な体位が必要ですか。
・呼吸を助ける筋肉は自由に動かせますか。[57]

---

53 脳や脊髄の損傷に起因する手足の突っ張り、運動麻痺
*54 「十二感覚論」60ページ参照
*55 「生命機能の保持」154ページ参照
*56 「排出」181ページ参照
*57 「生命機能の保持」154ページ参照

**感情体のレベル**

・運動が好きですか、あるいは動くためには誘いかけが必要ですか。
・動くことに影響を与えるような、心を侵害するものがありますか。
　――抑うつ傾向など
・今、高齢者の心を動かすものは何でしょうか。[58]
・施設からの提案に関心を持ち、それに参加できますか。
　――祝祭や式典、遠足、休暇の提案など[59]

**自我（個人）のレベル**

・高齢者自身の自我の発達は、どのような状況でしょうか。
・高齢者が自ら動き、課題を解決し、人生の歩みを更新し、それと結びつき、さらに導かれ、消化していくことによって、何が起こるでしょうか。
・何が高齢者の内面を動かしますか。
・人生の歩みの記録を記すことへの欲求がありますか。

*58 「人間存在の本質に関わる重要な体験み」235ページ参照
*59 「作業への取り組み」207ページ、「社会的関係を形づくり、それを持ち続けること」229ページ参照

## 《十二感覚論の観点から》

### 触覚

・多くの接触（触ること、触られること）が、自分自身の身体を確認することを支えます。

### 生命感覚

・動きたいと思うことは、生命力の現れの一つです。
・動かないことによって次のことが生じます。
　―感情が動かない、感情が閉じ込められる、意固地になるなど
・怒りや不満の表現も、この感覚と関連しています。

### 運動感覚

・運動感覚は重力を感じるときに知覚します。
・運動が不足すると、周囲の人々を動かしたくなることがあります。
・動きのパターンは、その人が身体をどのように知覚しているかを表します。

### 平衡感覚

・動かずにいると、この感覚は衰えます。

・平衡感覚が衰えると身体のバランスが崩れて、感情障害を起こし「助けて、助けて、落ちる！」と叫ぶようなことがあります。
・内的な平衡感覚が弱まることは、「自己放棄」[60]（自力でできる動作について「看護師さん、やってごらんなさい、あなたは私より上手にできるから」と訴えるなど）を引き起こすことがあります。

**嗅覚**

・好ましい／好ましくないなどの匂いの知覚は、身体を動かす動機になります。

**味覚**

・運動不足になると食欲が低下し、味覚の働きが鈍くなります。

**視覚**

・動けない高齢者にとっては、周りの動きを目で追うことも一つの運動の可能性となります。
　―風で揺れ動く樹木を見る
　―魚、鳥、ハムスター、ハツカネズミなどの小動物の動きを目で追う

---

60 241ページ参照

―モビール（天井吊り下げ式の、風で揺れ動く室内装飾）の動きを見る
―仕事で動き回っている職員を目で追う
―人通りの多い道、子どもたちが遊んでいる公園、流れ落ちる滝、浜に打ち寄せる波などの動きのある景色を見る

**熱感覚**

・運動は熱を生みだします。
・暖かければ（心の温かさも）、身体が動きやすくなります。
・寒ければ（心の冷たさも）、身体が硬直します。

**聴覚**

・声の響きは心の状態を知らせます。
・耳に聞こえたことは、身体を揺り動かしたり、踊ったり、手を振るなどの身体の動きを促します。

**言語感覚**

・動きが制約されている人の場合、身振り、手振りなどの身体言語も制約されます。それは高齢者の表現の可能性を減らします。このような人たちは多くの場合、周囲に対して無関心でもあります。

**思考感覚**

・身体的な活発さと思考の活発さは相互に関連しています。

**自我感覚**

・動くことは多くの面で人の自己表現を助け、動かなくなると社会的孤立へと向かいます。

**《人生の歩みの記録の観点から》**

人生の展開は一つの〝**動き**〟であり、これに関連する問いは次のようなものになります。

・この人はどこへ向かって進んでいくのでしょうか。

―これまでの人生の歩みや生活態度を見る

・高齢者の人生において運動はどのような意味を持ち、また持っていたのでしょうか。

―スポーツ、ダンス、旅行、ハイキング、身体的活動など

## 3．生命機能の保持

《四つの構成体の観点から》

肉体のレベル

・身長と体重はどれくらいでしょうか。

―太りすぎの傾向はあるか、脂肪過多か

―体重は少なすぎるか、悪液質[61]であるか

・身体は健全ですか、あるいは身体的な不足や不自由な器官はありますか。

―切断された四肢、もしくは腎臓の透析依存のような機能不全など

・人工補装具が必要ですか、あるいは代用の医薬品を処方されていますか。

・皮膚に問題はありませんか。

―傷、床ずれ、損傷、真菌、ふけ、刺激性炎症、潰瘍など

・呼吸数や脈拍、体温はどこで測定されていますか。

・どのような環境条件を必要としていしますか。

―部屋の温度、新鮮な空気（換気の可能性）、部屋の湿度など

61　悪液質（カヘキシー）慢性疾患による衰弱状態

・どのような医薬品を服用していますか。

## 生命体のレベル

［呼吸］

・呼吸の様子はどうですか。
・呼吸の障害はありますか、またそれはどのような時に起きますか。
　―感染症、粘膜細胞の炎症、咳、痰など
・それらの原因は確認されていますか。
・呼吸には援助が必要ですか。
　―体位、呼吸を促す塗擦、呼吸練習、医薬品、酸素吸入などの適用

［熱］

・体温はどのような状態ですか。
・寒がりですか、暑がりですか、あるいは汗かきでしょうか。
・熱バランスのために特別な援助を必要としますか。
　―追加入浴、熱源などの使用[62]

*62　「衣服の着脱」191ページ、「自分自身のケア」164ページ参照

・血行はどうですか。
　　　　　――冷たい手足、血の気のない唇、静脈瘤など

［栄養］
・栄養状態はどうですか。
・食欲はどうでしょうか。
・代謝はどうでしょうか。
　　　　――肌荒れ、冷え性、低血圧、便秘など
・それらの原因は分かっていますか。
・どのような援助が必要ですか。
・代謝性疾患を、本人と介護者は知らされていますか。
　　　　――糖尿病、高血圧、脂肪肝、痛風など
・その場合、どのような処方がされていますか[63]。

［排出］
・どれくらいの水分を摂っていますか。
・脱水症状はありますか、それはどのように現れますか。

*63　「飲食」172ページ参照

・水分は体内に留まりますか、留まる場所はどこですか。
・夜間の排尿はありますか。[64]

［形姿形成］
・皮膚の性質はどうでしょうか。
　―乾燥肌、敏感肌、脂性肌など
・傷がある場合、それはどのように見えますか。
・その原因は、介護者に知らされていますか。
・どのような処方がされているでしょうか。
・傷の治癒過程は、どのように推移しているでしょうか。
・傷の治癒には、どのような要素が影響しますか。
・再生能力はどうですか。
・身体の変形はありますか。
　―痛風、リューマチなどによって
・人工補装具や補助手段を用いている場合、それらはどのように手入れされていますか。
　―維持補修、洗浄、調整、電池交換、整備など

*64　「排出」181ページ参照

［成長］
・外的あるいは内的な異常成長、腫瘍はありますか。
　　―老人性しみ、いぼ、ほくろ、筋腫、癌など
・これらは治療されていますか、またその治療はどのようになされているでしょうか。
・異常成長、腫瘍の定期的検査が行われていますか、それはどこに記録されていますか。
・髪の成長や爪に特徴はありますか。
・体重を増加／減少させることが、必要ですか[65]

［再生］
・子どもを産んだことがありますか。
・生殖器官に異常はありますか。
　　―子宮陥没、前立腺肥大、おりものなど[66]

*65「飲食」172ページ参照
*66「性の意識と自己認知」215ページ参照

**感情体のレベル**

・心の健康維持のために、どのような活動や行事、儀式などを行ってきましたか。

・高齢者自身の心の状態と、活動や行事や儀式、あるいは慣習的行為はどのような関係にあり、それを、どのように感じていますか。

・生命力に悪影響を及ぼすような心の状態はありますか。

―興奮、不安、悲しみ、苦悩、心配など

・生命力に好影響を与えるような提案、あるいは刺激がありますか。[67]

―歌を歌う、友人などの訪問を受ける、メディアへの関心を持つ、催しに参加するなど

・生きる喜びを感じていますか。

・我慢できないことがありますか。

・痛みはありますか。

―その痛みと、どのように付き合っているか

・健康上の注意を守ることができるでしょうか。

―過度な飲食などを慎む、禁煙を守る、リハビリを続けるなど

*67 「作業への取り組み」207ページ参照

**自我（個人）のレベル**

・自分自身の健康状態をどのように把握していますか。
・高齢者は服用している医薬品について、どのような知識を持っていますか。[68]
・常に生き生きしていますか。
・死を恐れていますか、その場合、何がそうさせているのでしょうか。

## 《十二感覚論の観点から》

**触覚**

・人工補装具や補助手段を含めて自分自身の身体である、という意識を持たせます。
・自分自身と周囲との境界を区切る能力そのものです。

**生命感覚**

・自分自身の身体的健康を知覚します。
・空腹、渇き、痛み、息苦しさ、排出衝動など、自分自身の身体の状態や不具合を知覚し、判断し、言葉で表現する力になります。

---

*68　「安全で支援的な環境への配慮」221ページ参照

**運動感覚**

・敏捷さ、柔軟さをもたらします。
・イニシアティブをとる、モチベーションをもつ力となります。

**平衡感覚**

・自分の人生の中心に立つこと、バランスを保つこと、節度を守ること、自分について真面目に考えることを支えます。

**味覚**

・食欲を増進／減少させます。
・人生はどのような味がするかを伝えます。

**嗅覚**

・匂いの受け入れ（共感／反感）を左右します。
・病気特有の匂い（アセトンなど）を知覚します。

**視覚**

・自分が健康であるかどうかを、見定めます。
・将来の見通しを持つことができます。

**熱感覚**

・暖かさ／冷たさを感じ、それに反応する力をもたらします。
・熱狂／落胆を感じます。

**聴覚**

・自分自身の身体の声に耳を傾ける力になります。
・自分を開き、健康であることを促します。

**言語感覚**

・健康状態によって話すことや話し方が変わります。

**思考感覚**

・存在の意味を考えることを促します。
・人生の意義、健康の価値を考えることができます。

**自我感覚**

・孤独を受け入れることと、社会との融合を図ることを支えます。

《人生の歩みの記録の観点から》

・今の健康状態に影響を及ぼす、人生史に残る瞬間や出来事はありましたか。
　—大きな事故、病気、トラウマ、怪我、嗜好品の摂りすぎ、薬物の使用、医薬品依存、重労働、戦争体験、熱帯地方に滞在、遺伝的負荷など

・今の健康状態に影響を及ぼす思い出はありますか。
　—呼吸に関して（楽しく過ごした時間、迷子になった時の不安など）
　—熱バランスに関して（愛する母、寒かった冬、物質的な不自由など）
　—栄養に関して（大好きな料理、戦時中の食料不足など）

・排出（穢れ）、または再生（喜ばしいこと）に対してどのような考えを持っていますか。
　—男性に看護されたくない女性、羞恥心による便秘など
　—大病からの治癒、心の病が癒されるなど

・自分の人生史に対して、どのような感情を抱いていますか。
　—満たされた人生を過ごしてきたという感情はあるか
　—解決していないことがあるか、それはどのようなことか
　—どのような希望を抱いているか

## 4. 自分自身のケア

### 《四つの構成体の観点から》

**肉体のレベル**

・自分で自分の身体的なケアをすることができますか。[69]
・自分の身体の手入れをする際に、特に重要視していることは何でしょうか。
・身体のための衛生用具は、どのようなものが必要ですか。
　—くし、ブラシ、爪の手入れセット、歯の衛生用具、安全かみそりなど
・どのような援助、または補助手段が必要ですか。
　—つり革、手すり、補助椅子、滑り止めマットなど
・補助具は、よく機能し、消毒されていますか。

**生命体のレベル**

・高齢者は身体の衛生に関して、どのような習慣を持っていますか。

*69　「動き」146ページ参照

—シャワー、入浴、毎日の消毒、足湯など
—どのくらいの頻度で、どの時間に
・皮膚や髪の性質は、どのようなものでしょうか。
—乾燥している、ふけが多い、脂肪が多いなど
—そのために、またはそれに対して、何がなされているか
・アレルギーはありますか。
—原因は何か、その対応で注意することはあるか
・手足の爪の手入れを、どのようにしていますか。
・髪の手入れを、どのようにしていますか。
・足の手入れをしていますか。
・床屋・美容室に行きますか。
・口や歯の衛生を、どのように保っていますか。
・傷は、腫脹は、怪我は、浮腫はありますか。
—それらはどの部位にあるか、また、どのように見えるか
—それらは医療上の処方が必要か[70]
・身体を衛生的に保つために、どのような手段や化粧品を好みますか。

*70 「生命機能の保持」154ページ参照

・リズミカルアインライブングが必要でしょうか。
・リズミカルマッサージは必要ですか。

**感情体のレベル**

・自分で自分のケアをする意欲がありますか。
・どのような手順を望み、習慣とし、行っていますか。
　――はじめに歯を磨く、鼻を洗う、頭を蛇口の下に据える、力強くごしごしこすって乾かすなど
・どれくらいの水温を好みますか。
・どのように髪を整えますか。
・どのような髭をたくわえていますか。
・どのような匂いを好みますか。
　――香水、ひげそり用のローション、シャンプー、リンスなど
・化粧品を使いますか。
・化粧をしたいと望みますか、その場合、助けを必要とするでしょうか。
・石鹸などの洗浄剤や入浴剤に特別な指示はありますか。
　――気持ちを活気づけるため、心を落ち着かせるため、肌を引き締めるためなど

・文化的な手順や慣習は、彼らにとって意味がありますか、それはどのような意味でしょうか。

**自我（個人）のレベル**

・自分の身体や身体的な衛生に対する意識がありますか。
・身体の手入れによって意識が支えられ、あるいは調整され得ますか。
　―沐浴、リズミカルアインライブング、基礎刺激、それらに類似したもの
・身体の衛生状態が良く保たれることによって、自己意識に好ましい影響はありますか。
・鏡を見ますか。
・羞恥心、または個人的な領域に、どのように対応していますか。
・異性の介護者に介護されることを、どのように感じているでしょうか。

## 《十二感覚論の観点から》

### 触覚

・人や物への接触の質と反応を知覚します。
　―柔らかく触れる、ごしごし擦る、ひっかくなど
・自己の身体の境界を知覚します。
・自己と他との隔たり／近さを知覚します。
・身体に触れることは、受肉／離肉の助けとなります。[71]

### 生命感覚

・活気、爽快な気分、安心などを知覚します。
・心地良さ／心地悪さなどを知覚します。
・生命感覚の異常な働きによって、自分自身や周囲への過大な要求と消耗が現れます。

### 運動感覚

・動きの中で自己を知覚します。
・動きの練習としての身体介護が必要とされます。

71　第二章6．「高齢期」参照

**平衡感覚**

・自分の身体の中心を感じます。
・自分の身体を一つの全体として感じることを助けます。
・自分と、周囲の空間を知覚します。
　――寝たきりや、動けない高齢者の場合には特に重要

**嗅覚**

・匂いを知覚することによって、気分が変わります。
・匂いによって共感／反感が感じられます。

**味覚**

・味覚によって、他者との節度や品位のある関係を見いだします。

**視覚**

・視界の保護が必要とされます。

**熱感覚**

・介護者が高齢者の好みの室温／水温を知ることが必要です。
・冷えることを避ける必要があります。
　— 衣服、寝具、室温など
・臓器は、外からの熱の働きかけで刺激することができます。

**聴覚**

・高齢者の周辺環境では、適切な音量が大切です。

**言語感覚**

・日常の話し言葉に人となりが表れます。
・話すときの口調に、その時の気分が表れます。
　— 優しい、荒々しい、言葉が出るまでに時間がかかるなど

**思考感覚**

・他者への配慮が生まれます。
・他の高齢者への情報提供ができます。

自我感覚

・介護すること／されることは、他者との出会いであることに気づきます。
・身体を洗うことは、人間の存在の意味に関わるということに気づきます。

## 《人生の歩みの記録の観点から》

・身体介護に関して影響を及ぼすような体験、制約、教育、文化的背景などの記憶はありますか。
・宗教的、あるいは儀式的沐浴の体験はありますか。
・トラウマ的な体験（暴行、凌辱、犯罪など）がありますか。
　――これらは「洗い清められなければならない」という欲求となって現れることがある
・これまでの人生において、例えば週に一度、入浴する（幼い頃、ヨモギを入れた浴槽で）などの習慣がありますか。

# 5. 飲食

## 《四つの構成体の観点から》

### 肉体のレベル

・歯は正常ですか。
・義歯は正常ですか。
・義歯は、良く合っていますか、圧迫されるところはありませんか。
・歯、あるいは義歯の状況は、改善できますか。
・食物を、歯の状況に合わせなければなりませんか。
　―裏ごし、かゆ状など
・どの歯科医の治療を受けていますか、一番最近の治療はいつでしたか。
・通常、テーブルに就いて食べられますか。
・特別な補助手段は必要ですか。
　―特別な食器、皿、滑らないマットなど
・どのようなカップが飲みやすいですか。
・エプロンが必要ですか。

・簡単な調理をする際に援助が必要ですか。
・口腔粘膜は健全でしょうか。
・正常な嚥下は可能ですか。
・咀嚼、嚥下、呼吸の調和がとれていますか。
　―誤嚥の危険があるか、とろみをつけた飲みものが必要かなど
・口腔運動に障害はありますか。
　―口角が垂れて口を閉じられず、料理がこぼれるなど
・PEG-ゾンデ（経管栄養）をしていますか。
　―必要な用具類すべて、適切なゾンデ（経管）食が用意されているか
　―栄養補給は、どのように準備されているか
・体重はどうですか。
・身長はどうですか[72]。
・食欲はどうですか。
・ふだんの食事量はどれくらいでしょうか。
・これまで、どれくらいの頻度で、また何時ごろに食事をしていましたか。
・これまで日常的に何を食べていましたか。

*72　「生命機能の保持」154ページ参照

・きちんとした食養生が必要でしょうか。
・通常の食事に加えて、補充食などを提供する必要がありますか。
・普段以上の動きを必要とする場合、より高カロリーを必要としますか。
・食べる速さはどうでしょうか。
　―速い／遅い
・食事は温かくなくてはなりませんか。
・口、あるいは消化管に病気はありますか。
・唾液の量はどうでしょうか。
・消化しにくいものはありますか。
・吐き気、嘔吐、下痢を起こすことがありますか。

**生命体のレベル**

・飲酒の習慣はありますか、ある場合は
　―量はどうか
　―一人で飲むか
　―誘われて飲むか

### 感情体のレベル

・飲食物に関して、どのような好みや嫌悪感を持っていますか。

—好きな料理や、より好む飲みものはあるか
—甘いもの、薬味のきいたものを好んで食べるか
—味覚はどうか
—絶対に食べたり飲んだりしたくないものがあるか
—どこで（部屋、病棟の休憩所で、食堂など）食べるのが好きか
—一人で食べることを好むか、あるいは他者と一緒に食べることを好むか
—決まった食卓と席はあるか
—ある種の食文化を重んじるか
—食事のために特別な服を着るか
—料理を自分で選ぶか
—自分で料理を取り分けるか
—皿の上の物を自分で切ったり、バターを塗ったりできるか
—どのような援助が必要か
—料理や飲みものを、自分で口に運ぶことができるか

・PEG-ゾンデ（経管栄養）がある場合、追加の経口栄養が補給されますか。

—基礎刺激として

・どのような食事の形を好みますか。
　―規定食、菜食、毎日ちがう形でなど
・宗教的あるいは文化的な規範や禁忌、独自性はありますか。
・個人的習慣はあるでしょうか。
　―食前の祈り、食事時にグラス一杯のワイン、食後の煙草、起床時のコーヒー、月に一度の外食など

**自我（個人）のレベル**

・栄養摂取や飲酒は、高齢者にとって何を意味するのでしょうか。

**《十二感覚論の観点から》**

**触覚**

・栄養が安定して摂取されると、触覚を通した体験が多様になります。
・飲食によって、外界の一部（食物）が、内界（身体）の一部になります。

**生命感覚**

・空腹感、満腹感を知覚します。

・食事による快感をおぼえます。
・食事による慰めを得ます。

**運動感覚**

・ナイフを使って切る、バターを塗るなどの動きを助けます。
・咀嚼運動、舌の運動などを促します。

**平衡感覚**

・一日の食事の量と、その配分における均衡を知らせます。

**嗅覚**

・料理の匂いは食欲を増進します。

**味覚**

・香辛料や塩、薬味、砂糖、蜂蜜などによって、あるいはソーセージとマスタードなどの組み合わせによって、味覚が刺激されます。

**視覚**

・美しく盛りつけられた料理が好まれます。
・趣味よく整えられた食卓、色彩を喜びます。
・食卓にふさわしい服装をしたいと欲します。

**熱感覚**

・食事時は、適切な室温を必要とします。
・料理や飲みものは、好みの温度に合わせる必要があります。

**聴覚**

・周辺環境では、適切な音量であること、及び雑音が排除されることが望まれます。
　―ラジオ、食器のガチャガチャいう音、大きな話し声、足音など

**言語感覚**

・話すときの口調が控えめになります。

**思考感覚**

・食卓で、祈りの言葉を唱えます。

・食卓での会話を楽しみます。

**自我感覚**

・他の高齢者と食卓を共にすることで他者の自我を知覚します。
・品位ある会食が好まれます。
・職員も一緒に食事することを歓迎します。

## 《人生の歩みの記録の観点から》

・人は、ある特定の料理を特定の出来事と結びつけますが、またその逆もあります。共同体の調理場では、そうしたことが考慮されなければなりません。
　―クリスマスの料理、正月料理、日曜日の晩餐、季節のお祝いの料理、誕生日の料理、戦時中の食事など
・社会的あるいは宗教的背景は、少なからず重要な役割を演じます。
　―禁じられた飲食物、母の味を好むなど

・事情によっては、多くの料理や食品に馴染みがない高齢者がいるため、新しい料理は高齢者に事前に伝え、試験的に提供される必要があります。
　―ピザ、韓国料理、多国籍料理など
・長く続けてきた習慣は、高齢者の人生に確かさを与えます。
　―午後のお茶とケーキ、就寝前の温かいミルクなど
・高齢者の身体は、事情によっては特定の食事の切り替えを克服できない場合があります。
　―長年肉食をしてきた人は腸の長さが足りず、簡単に菜食主義者にはなれないなど
・習慣を変えるか続けるかは、高齢者自身の決定に従います。
　―食事の際にグラス一杯のワインを飲むなどの習慣に対して、直ちに「アルコールは良くない」などと否定的な評価が下されてはならない

## 6. 排出

《四つの構成体の観点から》

### 肉体のレベル

・排尿や排便を我慢できますか。
・自力でトイレを使えますか。
・排泄のために、特別な用具が必要ですか。
　―ウェットティッシュ
　―特別なトイレットペーパー
　―ウォシュレットなど
・生理的に適切な姿勢をとることができますか。
　―そうでなければ、どのような障害、または困難があるか
　―その問題を、どのように解決しているか[73]
・どのような補助手段が必要ですか。

*73 「動き」146ページ参照

―手すり
―トイレの便座を高くする
―足を乗せる台など
・トイレを使うことができない場合、どのような補助手段が必要でしょうか。
―椅子状の便器
―差し込み便器
―尿瓶
―女性用尿器など
・自力で補助手段を使えますか、使えない場合はどのような援助が必要でしょうか。
・失禁がある場合、どのような用具が必要でしょう。
―介護用防水シーツ
―尿漏れパッド
―おむつなど
・コンドームは使われていますか。
・カテーテル（導尿管）を入れていますか。
―それを自分自身で扱えているか
・人工肛門を使っていますか。
―必要なものや用具は手元にあるか

―自分自身で扱えているか
―必要なものは常に、使用者の手元にあるか
―ストーマ専門医に、すぐに連絡ができるか
・他にどのような排出がありますか。
―汗、痰、唾液、涙、おりもの、傷による分泌物など[74]

**生命体のレベル**
・どのような排便習慣がありますか
―頻度、時刻、量、固さなど
・下剤を摂取していますか、または必要としていますか。
・消化を考慮した特別な食物が必要でしょうか。
・どのような排尿習慣がありますか。
―頻度、量、外観、匂いなど
・夜間の排尿はありますか。
―頻度
―原因は何か

*74 「生命機能の保持」154ページ参照

・膀胱、またはトイレトレーニングは行われているでしょうか。
・排尿の記録はなされていますか。
・何時に、またどれくらいの頻度で、ストーマやカテーテルの袋は交換されているでしょうか。
・十分な水分をとっていますか、飲酒の記録はなされているでしょうか。[75]
・浮腫、肺水腫はありますか。
・利尿剤を服用していますか、または必要としていますか。
・異常な発汗はありますか、その原因は解明され、周知されているでしょうか。
・体臭除去剤、収斂入浴剤などが使用されていますか。[76]
・痰の量や質はどうですか、また痰が目立つ場合に原因は明らかになっていますか。
・耳、鼻、臍はどのように手入れされているでしょうか。
・分泌物や傷の手当てに関して、何か考慮されるべきことがありますか。

**感情体のレベル**

・どのような時にトイレに行きたいと感じ、そして、どのようにそれを伝えているでしょうか。

*75 「飲食」172ページ参照
*76 「自分自身のケア」164ページ参照

・排泄の際、痛みがありますか。
・排泄を適切に行うためにどのような手順が必要でしょうか。
　―新聞を読む、喫煙など
・失禁がある場合、心の中で、それをどのように克服していると考えられますか。
・排出に関わる問題行動は、何らかの心の状態の表れと考えられますか。
　―叫ぶ、身体を揺り動かす、排泄物を団子に丸める、トイレット・ペーパーをちぎって投げるなど
・これらのことは、どのようにして高齢者の創造性に変化させられますか。
　―身体を揺り動かす　↓　リズムをとって楽器を演奏する
　―排泄物を団子に丸める　↓　粘土を使って造形するなど
・高齢者の苦情はどこで、どのように表現され得ますか、それに対して介護者は耳を貸しているでしょうか。

**自我（個人）のレベル**

・排出行動の際に、個人の領域は守られていますか。[77]

*77　「性の意識と自己認知」215ページ参照

## 《十二感覚論の観点から》

### 触覚

・排出や分泌を皮膚で知覚します。

・内面世界の一部（排出物、あるいは分泌物）が外へと放出されることを知覚します。

### 生命感覚

・排出プロセスが心地よさを左右することがあります。

・鬱血、あるいは便秘の際に生じる不安など、排出プロセスによる気分の揺れを感じます。

### 運動感覚

・外的な運動は、腸の蠕動《ぜんどう》運動や排出の経過を促します。

### 平衡感覚

・周囲とのバランスが崩れたと感じた時、特定の排出行動をし、自分に注意を引きつけようとすることがあります。

**嗅覚**

・排出物の匂いは内容物の現れであり、それについての情報をもたらすものです。

**味覚**

・心のこもった食事は、味覚の力を補います。
・味覚は食事内容の構成と、食材の種類に関する情報をもたらします。
・排出に対する洗練された対応を促します。
　——適切な配慮をする、礼儀を重んじるなど

**視覚**

・排出物の色、形、量、外観を知覚します。
・排泄時の視線の保護が必要な場合もあります。

**熱感覚**

・排泄に適する室温、体温（寒さは便通を妨げる）を知ることができます。

**聴覚**

・排泄時の物音は、多くの人にとって心苦しいものです（周囲に聞こえないよう配慮する）。

**言語感覚**

・ある種の身振り言語は、排泄欲求の現れとなり得ます。

**思考感覚**

・高齢者は、排出の経過のことで頭がいっぱいになることがあります。

・排出の過程に絡めた言葉は、例えば「胸くそが悪い、くそったれ」などのように、しばしば特定の考えや感情のシンボルとして用いられることがあります。

**自我感覚**

・排出の世話をしてもらうことが心苦しい、一人で始末したいなどの欲求によって、高齢者が排出を我慢し排出を減らす危険はありますか。

## 《人生の歩みの記録の観点から》

・排出行為は子どもの頃に覚え、一生の間ずっと自力で行われます。この経過に際して援助に頼らざるを得ないことは、高齢者にとって、個人的領域への重大な介入を意味します。

・排出の経過は通常、社会‐文化的に特徴づけられます。高齢者は、これに関する習慣や感情を持ち合わせています。

・例えば誰かがグループ内で避けられたり、作業チームから外されたり、家族から離れたりするように、社会生活においても「排出」のプロセスが存在することを、高齢者は恐らく自分自身の人生で経験してきていることでしょう。

・人生の歩みそのものは、消化プロセスに類似した経過を辿ります。学習、生産、譲渡のそれぞれのプロセスは、それぞれが「栄養摂取‐消化‐排出」のプロセスに対応します。

・停滞は便秘に相当し、下痢は重圧に対する反応として現れる場合があります。

・排出行為は、しばしば気質によって決まり、多くの場合、適切な食事で調整できることがあります。

—憂鬱質は便秘、多血質は下痢になりやすいなど

・これまでトイレに行けなかった時に、高齢者はどうしましたか。

・高齢者は何かを捨てたいと望んでいますか。

—罪悪感、義務、習慣など

・または、何かにしがみつきたいと思っていますか。

—信念、習慣、など

・この世を去る準備はできているでしょうか。

—できていない場合、それには何が足りていないのか

—あるいは何を捨てなければならないのか

## 7．衣服の着脱

《四つの構成体の観点から》

肉体のレベル

・どのような衣服を持っていますか。
・自分に合う靴を持っていますか。
・それは適切なサイズの靴でしょうか。
・自分の欲求と状況にあった衣服を持っていますか。
　―車いす用の服
　―扱いやすいボタン付きの服
　―着脱しやすい服
　―季節にふさわしい服
　―晴れ着や式服
　―身体を自由に動かせる服
・衣服は誰によって、どのように手入れされていますか。
・どこで、どのように、また誰によって保管されているでしょうか。

・個々のマークは付けられていますか。
・どのようなナイトウェアを持っていますか、または必要としますか。
・自分の衣類を自分自身で取り扱うことができますか。
　─自分で選択する、戸棚から取りだす、着脱する、洗濯物を分類するなど
・衣服について、どのような援助や補助手段が必要ですか。

**生命体のレベル**

・身に付けている衣類は、熱バランスを調節するために適切でしょうか。
　─冷やす↕温める
・身体の特定の部位に特に注意を払わなければなりませんか。
　─足、脚、膀胱、または腎臓周辺、肩、首、手首、足首など
・頭は暑さ寒さ（頭が寒いと睡眠障害の理由の一つになります）、または外的な影響から十分に守られていますか。
　─暖かい帽子、日よけ帽子、ナイトキャップなど
・衣類に使われる特定の生地に対するアレルギー、皮膚刺激、汗の刺激はありますか。

**感情体のレベル**

・どのような衣類が好きですか。
・特に好きなスタイルがありますか。
・平日と日曜日や祝日を区別して衣服を選んでいますか。
・どのような衣類を身に付けたがらないでしょうか。
・どのような衣類を好んで身に付けたがるでしょうか。
　―特に多くの時間をベッドで横になって過ごすとき、あるいは安楽椅子や回転椅子に座っている時など
・それぞれの個性が活きる衣類を選んでいますか。
　―上品な、スポーティーな、実用的な衣類など
・衣類は高齢者にとって、社会的な立場の象徴として、意味を持っていますか。
　―スーツ、エプロン、伝統的な衣装、作業衣など
・装身具、特別な靴などを好んで身に付けていますか。
　―ネックレス、指輪、スカーフ、ネクタイ、帽子、金時計など
・それらによって何を表わそうとしているのでしょうか。
　―生きる喜び、思い出、優越感、地位など
・どのような色、模様、生地を好みますか。
・ヘアスタイルに関して特別な要求がありますか。

**自我（個人）のレベル**

・高齢者が自ら選んだ衣類と、彼らの自意識との関連はありますか。
・身に付けている衣類は、高齢者の自尊心に適っていますか。

## 《十二感覚論の観点から》

**触覚**

・衣服の素材の質はどのようなものでしょうか。
　―ゴワゴワする、チクチクする、柔らかい、滑らかなど
・触覚は、内的世界と外的世界を分離する働きを持っています。

**生命感覚**

・適切な衣類は安心感や気分の良さを生みだします。

**運動感覚**

・身体にフィットした衣服は動きやすいものです。
・足に合う靴は、転倒予防になります。

**平衡感覚**

・衣類によって、自己確認ができます。

**味覚**

・人柄と状況に調和した、趣味の良い衣類を味わうことができます。

**嗅覚**

・清潔で、手入れされた衣類を嗅ぎわけることができます。

**視覚**

・「私は美しい！」という嬉しく、喜ばしい体験があるでしょうか。
・美しさは意志を強めます。

**熱感覚**

・気候に合った衣類が求められます。
・熱に対する感覚や熱を生みだす力は、高齢期には低下します。

**聴覚**

・他者が身に付けている衣類によって、その人を判断しないことが求められます。

**言語感覚**

・衣類は、それを身に付けている人の表現手段となり得ます。

——色彩、素材、デザインなど

**思考感覚**

・衣類はその人を表します。

**自我感覚**

・衣服は自我を覆うものです。

——その背後に何が隠れているか

## 《人生の歩みの記録の観点から》

・人は、自分の服装の記憶を特定の体験と結びつけることがあります。
　―七五三の衣装、入学式の服装、成人式の衣装、初めて自分で縫った衣類、結婚式の衣装など

・衣類はジェンダーを表わす要素の一つです。
　―例えば娘の誕生を望んでいた母が、生まれた息子に女の子の服装をさせる、など

・衣類の購入には、心の健康状態が現れます。
　―安全への欲求、ある社会集団への適応、自己主張など

・苦境の記憶は、着衣習慣につながることがあります。
　―靴を履いたまま就寝する、身に付ける順に衣服を並べて就寝するなど

## 8．休息、くつろぎ、睡眠

**《四つの構成体の観点から》**

**肉体のレベル**

・最もよく眠れる場所はどこでしょうか。
・部屋はどのような状態ですか。
　―ベッドは部屋のどこにあるか
　―壁はベッドのどちら側にあるか
　―ベッドのどちら側から下りるようになっているか
　―部屋の光はどうか
　―室温はどうか
　―窓の開閉はどのようにされているか
・ふだん、どのような姿勢で寝入りますか。
・ベッドがどのように形づくられることを求めていますか。
　―マットレス（硬い、柔らかいなど）
　―枕（硬い、柔らかい、個数、大きい、小さい、必要ないなど）

―掛け布団（羽毛、羊毛、綿、合成繊維など）
―抱き枕（大きさ、素材、形状など）

・就寝時にはベッドで何を着ますか。
―ナイトウェア[78]（浴衣、パジャマ、ネグリジェなど）
―ナイトキャップ
―ベッド用の靴

・ナイトテーブルには、どのような物が必要ですか。
―時計
―電話
―ランプ
―写真
―ティッシュペーパー
―飲み水
―ハンカチーフ

*78 「衣服の着脱」191ページ参照

**生命体のレベル**

・どのような睡眠習慣を持っていますか

―睡眠時間の長さは

―起床と就寝の時間は決まっているか

―一日に何度眠るか（睡眠リズム）

―昼寝はするか

・夜に空腹や渇きはありますか。

・眠りは体調の回復に役立っていますか。

―そうでない場合、原因は解明されているか

・睡眠障害はありますか、それは何によって生じているでしょうか。

―物音

―光

―消化の悪い食物

―隣人

―夜間介護／看護

・夜間にトイレに行かなければなりませんか。[79]

*79 「排出」181ページ参照

・夜、ベッドに横になる際、介助が必要ですか。[80]
・睡眠薬を服用しているでしょうか。

**感情体のレベル**

・就寝前、あるいは朝目覚めた時や昼寝の時に、決まった行為をしますか。
　―祈りや瞑想など
・夢を見ますか。
・夜に目覚めている時、心の状態はどのようでしょうか。
・睡眠中の呼吸はどうですか。
　―緊張と弛緩、痛み、無呼吸など
・以下のものに対する不安がありますか。
　―暗さ
　―物音
　―影など

*80 「動き」146ページ参照

**自我（個人）のレベル**

・信頼に満ちて寝入ることができるでしょうか。

・そのために何が助けとなりますか。

　―祈り、詩、対話、夜間介護／看護の最初の巡回に誰が来るかを知ることなど

・夜に夜間介護／看護者と話をしたいという欲求がありますか。

　―心配事、問題、不安、嬉しい出来事、思い出についてなど

## 《十二感覚論の観点から》

**触覚**

・どの程度、受肉しているでしょうか（しっかりと、あるいは緩く）。

・自分を解放してリラックスできますか。

**生命感覚**

・睡眠を妨げる要因となる不快感、不安を持っていますか。

・自分にどのくらいの睡眠が必要かを感じ取ることができるでしょうか。

**運動感覚**

・願望、心配、良心の呵責などは、眠りを妨げ不眠症を引き起こすことがあります。
・私の人生は、どこへ進んでいくのかという問いを持っているでしょうか。

**平衡感覚**

・調和のとれた人は良く眠ることができます。
・夜間に目覚めた時の方向感覚やバランスはどうですか。

**味覚**

・部屋の秩序を味わうことを促します。
・すべてが彼／彼女の好みに合っていたなら、よく眠れます。

**嗅覚**

・馴染みのある匂いは、安心感を生みだします。
・未知の匂いによる目覚めは、不安感をもたらします。

**視覚**

・光の状況は睡眠に影響を与えます。

―夜の灯によって希望の光や慰めを得ることがある
―夜間介護／看護はどのような照明を使っているか
―電気器具の小さな予備ランプは、睡眠を妨げることがある

**熱感覚**

・睡眠は気温の状況に強く依存します。
・バランスのとれた体温（足、脚、手、頭、背中など）は健康をもたらします。
・ベッドの心地良い温度は質の良い睡眠をもたらします。
・適切な室温がもとめられます。
・心の熱（心の温かさ、冷たさ…心の状態）は生きる力に影響を与えます。

**聴覚**

・物音は、眠りや緊張の緩和に影響を及ぼします。
―肯定的（親しみのある物音、音楽など）
―否定的（突然の物音、叫び声、聞いたことのない物音など）

**言語感覚**

・日常の話し言葉はどうですか。
―柔らかい／鋭い、明瞭／不明瞭など

・意志の疎通によって安心感がもたらされ、質の良い眠りを促します。
　―ほんの少しの声掛け、合図、身振り、呼び鈴など

**思考感覚**

・夜には、昼間とは考えが変わることがあります。
・夜と昼とでは、集中力が変化します。
・思考の不明瞭さや否定的な思考は、睡眠を妨げる要因となることがあります。

**自我感覚**

・私を知っていて、受け入れてくれる人がそこにいると分かることは、信頼を生み、眠りを促します。

**《人生の歩みの記録の観点から》**

・かつて寝入ることができなかったときに、何をしたでしょうか。
・睡眠時のある特定の行動を特徴づけるような記憶がありますか。
　―戦時中の体験など

・常に不安を持っていますか、十分に消化されていない体験はありますか。

・自分の死に対して、どのような向き合い方をしていますか。また心の準備をしていますか。

・**〝眠りは死の弟である〟**とギリシャ神話で言われているように、人は生涯のおよそ三分の一を眠って過ごします。

・睡眠中の体験と睡眠によって得られる回復は、眠りや、それにつながるすべてのことに影響を与えます。

## 9．作業への取り組み

### 《四つの構成体の観点から》

#### 肉体のレベル

・どのような種類のものであれ、自力で一つの作業に取り組める身体的状況ですか。
・作業する場所へ行くために、また作業を行うためにどのような援助が必要ですか。[81]
・作業中の高齢者の姿は、介護者からどのように見えますか。
・高齢者自身は、作業に関してどのような願いを持っているでしょうか。

#### 生命体のレベル

・一つの作業は、どれくらい長く続きますか。[82]
・どれくらいの頻度で、一つの作業に取り組めますか。
　――一日に何回か

*81 「動き」146ページ、「生命機能の保持」154ページ参照
*82 「生命機能の保持」154ページ参照

―一週間、または一ヶ月に何回か

・その作業は、高齢者の健康にどのような影響を及ぼしますか。

**感情体のレベル**

・活動に取り組むための動機はありますか。

・その活動の、どのようなところに関心があるのでしょうか。

・どのようなメディアに関心がありますか。[83]

・情報を、どのように受け取りますか。

―最も近くにいる人々（職員、同居者など）を通して

―施設内の出来事（職員からの提案、お知らせなど）を通して

―個人的な交際範囲（来客、電話など）を通して

―市中で、または世界での出来事（新聞、テレビ、インターネットなど）を通して

・身体的活動に喜んで取り組みたいと思っていますか。

―自分の身体のケア

―自分の居住空間の整理、整頓、飾り付けなど

*83 「意思の疎通」139ページ参照

―施設内での手助けなど
―工作など
―手芸
―理学療法
―作業療法
―体操
―散歩
―ハイキング
―水泳

・芸術的な活動をしたいと思っていますか。
―絵画
―造形
―歌
―音楽演奏
―踊り
―オイリュトミー
―演劇

・どのような催しに興味がありますか。
—社交的な催し
—季節の行事
—映画上映
—舞台（演劇、バレー、能など）
—コンサート
—講演
—講習会（詩、短歌、エッセイ、人生史の作成、記憶訓練など）
—自主的なグループ活動
—会話サークル
—宗教的な催し
—勉強会
・喜んで、遊びに参加できていますか。
・どのような遊びが好きですか。
・ユーモアのセンスはありますか。
・全く好まない遊びや活動はありますか、それらはどのようなことでしょう。
・グループの仲間と一緒に喜んで活動しますか、あるいは二人だけで、または一人で活動することを好みますか。

**自我（個人）のレベル**

・どのような活動が、高齢者の本質に特に適しているでしょうか。
・どのような活動が、治療的な意味において高齢者の人格を支援し、強めるために必要ですか。

## 《十二感覚論の観点から》

**触覚**

・多様な作業が世界とのさまざまな触れ合いをもたらし、自身を多面的に体験する機会となります。

**生命感覚**

・有意義な取り組みは、満足感や生きる喜びを大きくします。

**運動感覚**

・あらゆる取り組みは動きの体験となり、外的にも内的にも可動性を促します。

**平衡感覚**

・個々の活動と休息のバランスを示します。

**味覚**

・各々にとって好ましいものを見つける力となります。

**嗅覚**

・ある人にとって心地良いものが、他者にとってそうではないこともあると知ります。

**視覚**

・さまざまな取り組みは、人生にまた別の見方をもたらします。

**熱感覚**

・何かに興味を抱いたり熱中することは、人生の質を高めます。

**聴覚**

・何かに取り組むことは、新たな考えに対して自分を開くことを可能にします。

言語感覚

・何かに取り組むことは、新しい表現手段となり得ます。

思考感覚

・何かに取り組むことは、思考を活気づけます。

自我感覚

・何かに取り組むことは、多様で新しい出会いの可能性を生みだします。

《人生の歩みの記録の観点から》

・高齢者は過去に……

—一日の多くの時間を何をして、どのように過ごしていたか
—関心を呼び起こしたものは何か
—喜びとなっていたものは何か
—取り組んでいたものは何か

・介護者は人間を心的‐精神的存在として理解し、高齢者の取り組みは、単なる楽

しみや嫌悪（共感／反感）などの感情以上の意味を持つと考える必要があります。

・人間は自我‐存在として、世界で活動し、そこで成長し、人生の問いに取り組みたいという欲求を持っていることを介護者は理解しなければなりません。

・取り組みには、三つの基本的な特徴が認められます。この三つの特徴には、人生の歩みに呼応した重要な意味があります。

**（1）知り合う：受け入れ段階**……**子ども時代と青年時代**
世界を知り、地上生活に馴染み、情報を得ます。

**（2）安定する：生産的段階**……**人生の中間期の時期**
世界で自分の位置を獲得し、仕事や家族を持つことによって、自分の位置を確保します。

**（3）消化する：瞑想的段階**……**高齢期**
人生の経験を消化し統合し、それらを精神的に変容させます。

## 10. 性の意識と自己認知

### 《四つの構成体の観点から》

**肉体のレベル**

・女性／男性としての自己表現がありますか。
　―外見
　―体質
　―服装
　―香水
　―化粧品
　―室内の整え方

**生命体のレベル**

・女性的／男性的特徴に、ホルモンによる変化はありますか。
・性別に特有の病気はあるでしょうか。
　―前立腺肥大、子宮下垂など

・性別に特有の癌を発症していますか。
・性病はありますか。

**感情体のレベル**

・女性／男性としての自分自身をどのように感じていますか。
・同性のグループの中で、快適さを感じているでしょうか。
・同性／異性の介護者にどのように反応しますか。
・一般的に女性／男性向きと思われるような活動や作業に、喜んで取り組みますか。
　―料理、お茶会、喫煙、趣味、手芸、囲碁将棋の集まりなど
・自身の性的欲求を存分に楽しみたいと感じていますか。
　―そのために、保護された枠組みはあるか
・女性／男性に見られるような、典型的な強迫観念を持っていますか。
・異性に対して、どのような距離感を持っているでしょうか。
・私生活で異性とどのような付き合い方をしていますか。
・異性に対する羞恥心や嫌悪感と、どのように向き合っているでしょうか。

**自我（個人）のレベル**

・それぞれ女性／男性としての役割に対して、どのような在り方をしていますか。

・母／父として、今、自分自身をどのように体験しているでしょう。
・人生の伴侶はいますか。

**《十二感覚論の観点から》**

**触覚**

・他者との身体接触を知覚します。
・性感帯への接触による興奮が生まれます。
・他者との距離（近さ／遠さ）が認識されます。

**生命感覚**

・自分自身の身体の快適さを知覚します。
・ホルモンによる影響、または変化が分かります。

**運動感覚**

・運動モデルに、女性的／男性的な特徴が生まれます。

**平衡感覚**

・自分自身の性別役割と調和します。

**嗅覚**

・女性の匂い／男性の匂いを判別します。
・媚薬としての匂いが分かります。

**味覚**

・異性との趣味の良い交際が促されます。
・自分自身の性への補足として、異性を体験することがあります。

**視覚**

・女性／男性の美しさや魅力を感じます。

**熱感覚**

・他者への関心が引き起こされます。
・他者への配慮が促されます。
・他者に対する激昂状態を起こすことがあります。

・他者との適切なつながりを持つことができます。

**聴覚**

・性別に特有の役割を越えて、人間の本質を聴くことができます。

**言語感覚**

・性別に特有な表現を、コミュニケーションの欲求として理解することができます。

**思考感覚**

・意見の交換が一つの創造的行為となり得ます。

　— 肯定的（実りの多い話し合い）

　— 否定的（断定的な言葉のやり取り）

**自我感覚**

・人間存在の核は、性別に左右されません。

《人生の歩みの記録の観点から》

・女性／男性として、これまでの人生で特別な役割を担ってきましたか。

・これまで女性／男性として、その存在を十分に生かされてきましたか、もしくは抑制されてきましたか。

・彼女／彼は、かつて母／父であったでしょうか、そうであれば子どもたちは今どこにいるのでしょう。

・性に関して、負荷となるような特別な出来事はありましたか、そのために恨みや憎悪や憤りを持ち続けているでしょうか

・女性／男性に特化した職業についていましたか、それは彼らに特別な影響を与えたでしょうか。

・女性／男性に典型的な理想や規範、不安を持っていますか。

・女性／男性として、特に誇りに思っていることがありますか。

## 11. 安全で支援的な環境への配慮

《四つの構成体の観点から》

肉体のレベル

・高齢者が自分の環境を安全だと感じるために、どのような外的条件が必要ですか。

・落下予防のために

―安全な靴

―眼鏡、補聴器

―手すり

―滑らない床

―その他の補助手段[84]

―照明

―事故防止措置

*84 「動き」146ページ、「衣服の着脱」191ページ参照

・施設の周囲や、その近辺の方向感覚がありますか。
・行きたい場所に行くために、どのような方向づけの援助が必要ですか。
・危険な階段、エレベーター、バルコニー、開いた窓、出口はありますか。

**生命体のレベル**

・今いる環境に安住できていますか。
・健康を損なうような環境要因はありますか。
　――騒音、汚れた空気、湿気、望ましくない飲食物、不衛生な状況など
・安全のために呼吸、脈拍などの管理が常に必要ですか。
・労働や作業を行う際、血糖や血液凝固などの値に関して注意が必要ですか。
・高齢者に対しての医療や医薬品の供給は、どのように確保されていますか。
・高齢者の生命体をおびやかす医薬品や洗剤など危険性のある物質は、どのように取り扱われていますか。
・時間の感覚はありますか。
・時間の感覚を持てるようになるためには、どのような援助が必要でしょうか。
・適切な栄養が確保されていますか。[85]

*85 「飲食」172ページ参照

**感情体のレベル**

・周囲の状況を把握していますか。

—周囲の状況を把握するために援助は必要か

—周囲の状況を適切に判断できるか

・現在の自分の状況が、安全で守られていると感じているでしょうか。

—その感情をもたらしているものは何か

—不安を持っているか

・自分の必要に合った環境にいると感じていますか。

・支援する社会のネットワークが、手の届くところに存在しているでしょうか。

—家族、友人、隣人、ケアマネージャー、民生委員など[86]

・抑うつ症はありますか。

・自殺傾向はありますか。

・自分自身を、または他者を、危険にさらすことがありますか。

・危険を認識し、それを回避することができるでしょうか。

—エレベーター、階段、開いた窓など

・自分の部屋から、または施設から自力で離れることができますか、そして帰ってこられますか。

*86 「意思の疎通」139ページ参照

**自我（個人）のレベル**

・自分の人格が認められ、他者に受け入れられていると感じていますか。
・自分と「自分自身」、そして「自分の人生史」との一体感がありますか。
・自分の個人的要件を自分で整理できますか。
・担当ケアマネージャーはいますか、ケアマネージャーは全権を委任されているでしょうか。
・支援は必要ですか、必要な場合は適切に調整されているでしょうか。

## 《十二感覚論の観点から》

**触覚**

・介護者が高齢者を抱きしめる、支える、手を握る、ベッドまたは椅子の上から毛布をかけることで、安心感が得られます。
・適切な接触は確かさ[87]を伝えます。

---

87 確かさについての参考に：2020年1月、NHKスペシャル「認知症の第一人者が認知症になった」が放送された。認知症医療の医師・長谷川和夫さん（当時90歳）が、認知症の当事者として歩む日々を映していた。この番組のなかで、長谷川さんの「生きている上での確かさが少なくなってきたように思うんだよね」という発言があった。（妻の瑞子さんについて、日記で）「朝起きて『今日は何をするんだろうな』『俺は今どこにいるのかな』、自分自身のあり方がはっきりしない。で、彼女が側にいて朝、言葉を交わしてくれる。『おはよう、調子はどう？よく眠れた？』お互いにそういう言葉を交わし合ったりするんだけど、それで『あっ、大丈夫なんだな、良かった』、だんだん（不安が）薄れていって、確かさが戻ってくる」

**生命感覚**

・不確実さは生命力を弱めます。

**運動感覚**

・安全な状況は運動能力を促進します。
・不確実さは、運動を抑制します。
・動きが制限されると、情報を得る可能性や方向づけが損なわれます。

**平衡感覚**

・あらゆる不確実さは、バランスを失わせます。
・身体のバランスを取る練習は、内面の確かさを強めます。
・平衡感覚は転倒することを防ぎます。

**味覚**

・馴染みのある料理は、安心感をもたらします。
・馴染みのある調和のとれた環境は、安心と内的な秩序を生みだします。

**嗅覚**

・馴染みのある匂いは、安心感をもたらします。

・典型的な匂いは生活の様々な場面を思い起こさせます。
　― 食事の匂い、コーヒー、石鹸、クリスマスのモミの木の匂いなど
・匂いは危険な局面に注意を向けさせることもあります。
　― 焦げ臭い匂い、ガスの匂い、腐敗した食物の匂いなど

**視覚**

・周囲との明確な、見通しが利く関係、秩序、情報は確実さと方向づけを生みだします。

**熱感覚**

・暖かな雰囲気は、くつろぎと信頼を生みだします。
　― 暖色のインテリア、木製品、織物など
・冷たい雰囲気は否定を伝えることがあります。
・寒さ／暑さへの敏感さは危険を警告することがあります。
　― 熱中症、熱すぎる湯たんぽ、寒い季節に過度な薄着

**聴覚**

・馴染みのある物音は、安心感を生みだします。
　― 馴染み深い音楽（聴き慣れた音楽、民謡、クラシック音楽など）

・大きな音は不安にさせ、温和で静かなバックグラウンド音楽、〝響きの楽器[88]〟はストレスを緩和します。
・知らない物音は不安をもたらします。
・聴こえづらいことは、心を動揺させます。

**言語感覚**
・母国語を聞くことは、安心感と、信頼を生みだします。
・明瞭な発音や、ゆっくり話すことは、内面の確かさを生みだします。

**思考感覚**
・明確で理解できる情報や誠実な表現は、正しい理解を導きます。
・自分自身が理解されること、気づかれ、認められることを助けます。

**自我感覚**
・受け入れられることは、安心感をもたらします。

88 人智学を基にした音楽療法や教育の場などで用いられる、響きに耳を傾けることを主眼とした楽器。例えばライアー、ゴングなど

### 《人生の歩みの記録の観点から》

・自分の人生史を認めることは、自分が守られ受け入れられていると感じることを助けます。

・自分の人生の多くの時間を過ごした場所を訪れたり、友人宅や趣味のサークル、喫茶店などで親しい人に囲まれて過ごす機会を持つことは、自分自身の生きる支えとなります。[89]

・不信感、畏縮、不確実さ、自立していないこと、強迫観念、迫害への不安感、安全への強い欲求などは、人生を否定的に捉える要因になります。

---

89 「社会的関係を形づくり、それを持ち続けること」229ページ参照

## 12. 社会的関係を形づくり、それを持ち続けること

### 《四つの構成体の観点から》

**肉体のレベル**

・社会的つながりを維持するために、どのような外的条件が必要ですか。[90]
・社会的つながりを維持するための財源はどのような状況にありますか。
・高齢者に対してどのような可能性が提示されるでしょうか。
　―軽作業など
・信頼できる新聞、雑誌、あるいは他の読みものなどを手に入れられますか。

**生命体のレベル**

・援助が必要となる前は、どこでどのように生活していましたか。
・これまでどのような習慣を身に付けていましたか。
　―散歩する、買いものする、昼に外食する、庭を掃く、犬と外へ出る、墓地へ行く、映画を見に行くなど

---

*90 「意思の疎通」139ページ、「動き」146ページ、「作業への取り組み」207ページ参照

**感情体のレベル**

・どのような民族または文化圏の出身でしょうか。
・何らかの宗教団体に所属していますか。
・特定の職業グループ、協会、利益団体、自助グループに所属していますか。
・援助が必要となる前は、他者とどのような関係を育ててきましたか。
　— 親族、友人、隣人など
・その人たちと、これからどのような関係を維持していきたいと望んでいますか。
・これからどのような新しいつながりが提示され、可能となるでしょうか。

**自我（個人）のレベル**

・現在最も近くにいて信頼できる人たちは誰でしょうか。
・どの介護者が、どの高齢者に対して、担当者としての責任を担っていますか。

**《十二感覚論の観点から》**

**触覚**

・周囲の世界との関連を失うことなく、自分が「自分自身と一体である」と感じることを助けます。

・社会的なつながりを育て、築くために、欲求がどこにあるかを探す動機を持たせます。
・何をしたいか何をしたくないかが、触覚によって示されることがあります。

**生命感覚**

・自分が快適で居られるのはどこか、どのような関係を心地良く感じるかに気づく助けになります。

**運動感覚**

・互いに歩み寄ることを促します。

**平衡感覚**

・物事、あるいは他者との適度な距離を保ちます。
・一人でいることや他者と共にいることのバランスを取ろうとします。

**味覚**

・誰と、またどのようなことと調和しているかを気づかせます。

**嗅覚**

・何に、あるいは誰に、共感／反感を持つかを知らせます。

**視覚**

・物事や他者との関係に、どのような展望を持っているかを示します。

・物事や他者との関係の中で、自分自身をどのように見ているかを明らかにします。

**熱感覚**

・物事や他者への配慮を促します。

・親切心を生みだします。

**聴覚**

・聴くことを通して、その場に属する[91]感覚を持つことができます。

**言語感覚**

・共通した言語を話す喜びを得られます。

91　ドイツ語の「帰属意識」（Zugehörigkeit）には、「聴くこと」（Hören）という単語が含まれている

**思考感覚**

・意見の交換が可能になります。
・共通の見解や自分独自の見解を持つことができます。

**自我感覚**

・他者の知覚と認識を得られます。
・他者との連帯感を持ち得ます。
・他者と共にいる安心感が生まれます。

**《人生の歩みの記録の観点から》**

・自分にとって負担のかかる人間関係を見直す要望はありますか。
・介護者が高齢者の人生史を知り理解することによって、高齢者が社会的関係を作るための支援をすることができます。
・自分の故郷を離れた人々は、故郷の喪失感に悩むことがあります。
　―外国人労働者、移住者、強制移住者、結婚あるいは職業上の活動を通して移転してきた人々など

・故郷の模倣や、故郷の文化特有の要素を意図的に保つことが、必ずしも助けになるとは限りません。
　―本物の味がしないパエリアは、喪失感をより大きくするなど

・絵画、故郷の音楽、相互の語り合いは、大きな慰めとなります。
　―その際、おざなりの決まり文句を言うことは避ける

・ごく最近体験したことの記憶は消えていきますが、幼い頃や若き日の思い出は心に残っています。
　―母への思慕など

・統合されていて調和のとれた人であっても、高齢期には郷愁に襲われることがあります。郷愁の痛みは現実的な痛みであり、それは一時的には穏やかになり得ますが、解消することはありません。
　―介護者が高齢者の郷愁を真面目に受け取ることが助けとなる

# 13. 人間存在の本質に関わる重要な体験

## 体験の特徴

私たちの人生の歩みには、私たちを助けたり危険にさらしたりする出来事や体験・経験が刻み込まれます。これまで取り上げてきた日常生活の様々な活動は、きわめて現実的で重要な経験です。個々人の個性や人生史の解釈は、こうした経験に注意を向けます。ある経験が、私たちの最も内奥の本質に触れるとき、私たちの内に確かに存在していると認められるとき、あるいは私たちを脅かすとき、それらの経験はいずれも人間の存在の本質にかかわる重要な体験（以下これを実存体験と記します）です。

成功の喜び、障害の克服、問題の清算、危険の解消、人生の問いの解決といった体験と同様に、紛争の苦しみ、喪失の悲しみ、愛する人の不在、被った不正への憤り、失敗した行動への失望、過ちへの後悔、突然の悪い知らせに対する驚きなどのような体験もまた、実存体験になります。

実存体験の核となるのは、地上の生が有限であるという意識です。私たちがいつか死なねばならないという確信ほど、避けがたく、人間存在に関わるものはありません。自分自身の死ほど、私たちを確実に待ち受けるものはありません。必ず死が訪れるという確信は、地上の生に対する在り方を考え、そして「私という存在は死後も永遠に続くのか」という問いを持つきっかけとなります。私たちのあらゆる人生経験の背景に、この問いは、多かれ少なかれ意識的に存在し、私たちの世界像や人間像の根拠となります。

エリザベス・キューブラー・ロス[92]は、人間が死にゆくときに通る段階を描写しました。それによって彼女は、死が、その直前になって始まるのではなく、緩やかに進行しながら五つの段階を経て展開していくことを示しました。

### 死への五つの段階

**第一段階　否認**
**第二段階　怒り**
**第三段階　取引**
**第四段階　抑うつ**
**第五段階　受容**

92　アメリカの精神科医。「死の受容のプロセス」を提唱

他の実存的な体験も、これらの段階に関連づけることができます。この捉え方は、高齢者を介護し寄り添う際に、彼らの行動や反応を解釈し、理解することを助け、支援の手がかりとなります。

### 要介護の状態を実存体験として受け取ること

援助を必要とする状況になることは、高齢者の人生の歩みにおける一つの大きな転機です。このとき彼らは明らかに人生からの旅立ちを始め（場合によっては遠回りすることもありますが）、確実に死へと向かっていきます。この課題を消化するプロセスで、人は死と同様の段階を経験します。これらの段階は、必ずしも順序通りに進むわけではなく、また、それほど経過が明らかではありません。むしろ個別には、ある特定の段階が長い期間続くことで、その人の反応の原型が形づくられることも、多く見られます。介護者は、それを的確に理解し、そうした反応や行動様式を敏感に察知し、基本的な傾向を見いだすことが大切です。

［否認］

多くの高齢者にとって、自分自身の生活を、これまでのように続けることが難しい現実は受け入れがたいものです。ですが介護は、できる限りこれまでの生活を続けるためには当然必要なサービスです。彼らが、介護サービスについて独自のイメージや、要望を持っていることは珍しくありません。原則として、こうした考えやイメージ、願いは、肯定的に評価され、可能な限り満たされます。

［怒り］

多くの高齢者が、制限された自立を敗北と感じ、自分自身が要介護の対象になったことに対して憤ります。この段階では彼らは介護行為を歓迎しませんが、介護者は、その感情を個人に対して向けられたものとして受け取ってはいけません。怒りはしばしば、高齢者の失望や不安、羞恥心などのような深い感情を覆い隠しているからです。

高齢者の怒りのエネルギーを、自らをケアする力と、一度は失った動きを回復する力に変えるために、ここでは介護者の鋭い勘が、話し合いと共に求められます。筋運動感覚の移行（キネステティクス・トランスファー）[93]や自力で起き上がること、補助手段を利用することなどの自らをケアする行動が、介護者の手助けを受けながら時間をかけて習得されます。

［取引］

多くの高齢者は自分自身の状況に不満を抱き、要介護の状態から逃げる道を見つけようとします。彼らは自らの状態を一時的なものと見なし、「医者が間違ったせいで、こんなに酷い目に合っている」「若者がはっきりと話さないから、よく聞き取れない」「ベッドの位置が正しくないから眠れない」と思っているのです。

---

93　人間の自然な動きを生かした、体位変換などの介助法

彼らは汚れた下着を隠し、自分が失禁していることを誰にも知られないようにします。ベッドの中に居続けて、自分が歩けないことに気づかずにいる場合もあります。「本当に合う薬が手に入れば体調は回復する。インフルエンザを克服すれば、また自力で切り抜けられるはず」「今の状況は大したことではない、しばらくすればうまくやっていける。これは単に天候が急変したからに過ぎない」…彼らはそう思い込もうとしているのです。

彼らは自分一人では、もうやっていけないことを、何となく分かっているのですが、未だそれを受け入れることができず、避けられないことを先延ばししようとしているのです。

取引は自分自身との、運命との、神との取引です。ですから、介護者が高齢者と言い争うことは、あまり役に立ちません。むしろ、支援のための準備を押しつけずに提示することが肝心です。介護行為や補助手段を利用することの意味や利点についての専門的情報、または指示ではなく助言が高齢者にとって重要となるでしょう。

鍵となるのは信頼です。彼らが「介護者に押し切られた」と感じることなく、あらゆる援助を、差し当たり一つの提案として理解できれば、状況を受け入れやすくなるでしょう。高齢者に「援助を受けなければならない」という強迫観念を抱かせてしまうことは、介護者が特定の援助を高齢者に行うことを拒否するのと全く同様に、介護における暴力として理解されます。

［抑うつ］

多くの高齢者が、自分自身の要介護の状態に諦めの反応をします。「何をしても役に立たない」「私にはもう価値がない」など、諦めが高齢者の心に重くのしかかり、介護者の力をも非常に消耗させます。そうした高齢者は、まず自分の心の状態を理解することが必要です。

高齢者がまだできることや持っている力をすべて示したとしても、彼らを悲しみから救うことにはなりません。それは彼らにとって、かつて当然できたことには敵わないからです。彼らの諦めが「私はこれまでずっと働いてきたのに、それを今、こんなふうに終えねばならないのか」という失望に由来するのか、あるいは「私にはもう何もない」という孤独感から来ているのか、あるいは他の何かが彼らを諦めに導いたのか。介護者は受け入れ、理解する姿勢を通して、気づくことができるかもしれません。

介護者の理解や思いやり、忍耐による心の温かさは、高齢者の安心感を生み出し、その中で互いの人生の歩みを語り合えるようになります。高齢者が、自分の人生を再び自分の手に引き受けるよう動機づけるために、場合によっては専門的なカウンセリングなどの援助が必要かもしれませんし、宗教者による支援が役立つかもしれません。

高齢者介護施設の共同生活で、介護者が一緒に食事をし、出会いや催しに参加することも、同様に自分の人生を引き受ける動機づけとなります。また、同じような状況にある人々との交流を通して、思いがけず良い知恵や解決の道が見つかることも少なくありません。

時として、その際さらに新たな交友が生まれ、それが孤独感を軽減させ、未来への展望を拓くこともあります。

［受容］

高齢者が、新たな人生状況や援助を受け入れることは、決して最初からできるわけではありません。そして受け入れたことを、高齢者の自己放棄と取り違えてはなりません。高齢者と介護者の間で争いや葛藤があったとしても、その体験が、自分自身の存在の本質に関わる重要なこととして理解されるならば、〝受容〟は実存体験となります。援助が必要な状況でも、自我は常にひと言、口出しをする——つまり現在の状況に抵抗したり同意したりする——のです。高齢者が介護の必要性を了承することは、介護における真の協力関係の土台であり、そこでは介護者の能力と全く同様に、介護を必要とする高齢者の資質も力となります。こうして介護は真の出会いとなり、両者にとって有益なものとなります。

### 人間存在の本質に関わる重要な体験への取り組み——その段階

キューブラー・ロスによって描写された様々な段階は、死と向き合うことや要介護が必要な状態になるという重大な実存体験に関わる場合だけでなく、自分のすべてをかけて徹底的に取り組む出来事の中で体験されます。各段階で現れるこれらのダイナミックな過程は、消化のプロセスに相当する特徴を示します。

[困惑]

〝**否認**〟の段階に相当するのは、重大な体験に驚き戸惑う「信じられない」「理解できない」という、最初の典型的な反応です。それは大きな喜びであっても、あるいは深い苦悩や大変な驚きであっても、全く同じです。高齢者が持つこの困惑は、まず彼らの中で消化されなければなりません。そしてその後、真に理解されるのです。

[対決]

心を動かされる度合いが強ければ強いほど、高齢者の心の中で活発に行われるこの対決は、消化の最初の歩みです（死のプロセスにおいて〝**怒り**〟として描かれる段階に相当します）。これは些細なことではなく、このとき自我が活発に働き、高齢者の中に熱が生まれます。高齢者は困惑し、決して冷静ではいられませんが、打ちのめされてはいません。

[転換]

キューブラー・ロスが〝**取引**〟と名付けた第三の段階は、実存体験による挑戦を、自分自身の人生に統合するための苦しい作業の中に現れます。この重大な体験は、人生がもう以前のようには続かないということを、高齢者に伝えます。新たな状況は古い行動パターンに変化を求めますが、高齢者は慣れたことや熟知していることに固執しようとします。
それは人間の自然な反応です。高齢者は「もしかすると、これまでと同じように生活して
いけるかもしれない」「ひょっとすると時々、ほんの少しだけ譲歩しなければならないか
もしれないけれど、大体においては変わらずに続けていけるかもしれない」と思うのです。
表面的な妥協を追い求めても、実際には先へ進まないと認識することが、第四の段階を導
きます。

［中断］

この段階はキューブラー・ロスが〝**抑うつ**〟と呼んだものに相当します。それは高齢者
が、これまで行ってきたすべての活動をやめることで示されます。高齢者の内に困惑が広
がります。何もかも上手くいかないように見えます。しかし短い時間に分別を取り戻し、「こ
れまでのようにはやっていけない」ということを理解するかもしれません。このとき訪れ
る静寂の中に、従来のことを手放し、新しいことを体験する可能性が生まれます。短時間
でも、あらゆる活動が沈黙に至ったときにのみ、静けさから生まれる力を感じることがで
きるのです。静止は、耳をそばだてることへと高まり、新たな衝動が生まれます。

［承諾］

承諾においては、変化した人生の状況が再び高齢者にとって調和のとれたものとなり、

新しい状況と一体化することができるのです。すなわち、この状況を自分のものとして、自分に結びつけられるもの、「はい」と肯定し了承したものとして、自分自身に組み込むことができるのです。こうして新しいことが受け入れられ、高齢者にとって変化した人生が始まります。

## 実存体験は自我体験である

実存体験は、人間の最も内奥にある本質に触れる体験として、冒頭に示されました。それを自分に結びつけるためには時間がかかります。先に挙げた様々な段階を経過するとき、このプロセスを自我が担います。その際、歩みをプログラムどおりに処理することは、大事なことではありません。そこで必要なことは、それに向き合い、対決することです。そのようにしてのみ、自我は新たなものを自分のために〝**転換**〟して、自分のものにできるのです。

新しい体験を挑戦として受け入れることによって、全面的な抵抗と無批判の受け入れとの間に、自我は中心を見いだします。何か新しいことが関わっているところではどこでも、自我の働きが求められています。あらゆる新しいことは学びの機会であり、自我に向けられた目覚めの合図です。私たちを最も大きく揺さぶるものは、最も強く私たちに挑んできます。この認識から、マリー・フォン・エプナー・エッシェンバッハ[94]は以下の言葉を残しました。

---

*94　オーストリアの女流作家

最高の幸せと最大の悲しみには
同じような味わいがある
両者において人間存在が現れる

# 私たちは生きていく、そして、その道に在る大切なこと

医師　志水祥介

私たち一人ひとりの人生にはいったいどんな意味があり、どのような恩寵があるのでしょうか。私たちは生まれてから確実に年を重ねていきます。そのプロセスは常に個人的な時間であり、常に個人的な空間であり、誰一人同じ人生を歩むことはありません。私は一人の医師として、これまで非常に多くの患者さん方と出会い、数々の病と向きあい、あらゆる課題に頭をかかえ、多様な知識と経験をなんとか駆使して治療にあたってきました。そのなかには快方に向かい、人生を豊かに過ごすまで回復された方たちが大勢いらっしゃった一方で、生涯にわたって病と共に生き、病の進行により次の人生へと旅立っていった方たちもまた多くいらっしゃいました。医師としての前半はとりわけ神経難病と呼ばれる進行性で治療困難な方たちの診療に関わってきました。私の父自身も筋委縮性側索硬化症（Amyotrophic Lateral Sclerosis：ALS）という治療困難な病になり、高校時代からその生きざまを近くで見てきました。すべての病に一人ひとりの人生や物語があり、数字やデータが参考になるときもありますが、病とは人間の生きざまにおける一つの場面であり、その方たちの人生に抱合された大切な一部でもありました。

人というのは病になるとその日からもう健康であるとはいえないのでしょうか。肉体が病となっても、精神（霊性）は健康性を保つことができると私は思います。たとえ肉体（物質体）が病となりベッドで動けないとしても、自分の未来へ向かって社会的な役割を担うことを意識し、道徳的な観点にたち、自分の人生を果敢に生きていく人は非常に健康的な人間であるといえるのではないでしょうか。逆にどんなに頑強な肉体であっても、この世界で自分の役割を放棄し、非道徳的で怠惰な時間をすごしている人は健康であるとはいえないでしょう。これらの一人ひとりの健康性というものに介護は大きな影響を与えます。介護は肉体、心、精神に働きかけます。介護は騒がしく声を張り上げて慌ただしく行うものではありません。静寂に穏やかに丁寧に行うものです。とりわけ静寂、「静けさ」というのは病の人の深い部分、深くて温かなところに働きかけます。介護を受ける方も行う方もこの静けさを大切にすることで、人は互いの意志を理解し、互いの尊厳を意識することができ、同じ一人の人間として向き合うことができるのです。縁あって同じ時代をともに生きていく価値のある一人の人間だということを知るのです。私たち一人ひとりに自分だけの人生というものがありますが、病というのは自分の人生の一部であり、自分という存在の証でもあります。

私たちは両親から大切な命を授かり、小さな子ども時代を過ごしながら、少しずつ大人になっていきます。小さいころに祖父母、親、兄弟、友達、先生らと一緒に過ごす日々があります。思春期にはちょっと気になる人、心を許し合える友人、そして大切な本や出来事とも出会うでしょう。青

年期になると、いつも一緒にいたい人、愛を語り合いたい人、心から大切にしたいと想う人に出会い、
夜遅くまで一緒に過ごしたいと思うこともあるでしょう。そうやって私たちは少しずつ大人へと成
長していく階段を昇っていきながら、あるとき、一人で生きていくことや、自分自身の力で生きて
いかなければならないことにふと気づくのです。
その後にどんな道が開かれていくかは自分にもわかりません。たくさん道草をするかもしれませ
ん。順風満帆な将来が待っているかもしれません。何度も挫折や苦しみを味わうことや、出会いと
別れを繰り返すこともきっとあるでしょう。病や障がいと真剣に向き合うことや、最愛の人との別
れを経験することもあるかもしれません。それでも、私たち一人ひとりには一つの道しかないのです。
人生のなかでは、自分の道と他者の道がときに交差してすれ違ったり、ときに重なりあって一緒に
歩いたり、そして離れたりもすることでしょう。この世にたった一つしかないこの道は、自分の存
在の証、自分の生きている証です。その道には必ず自分が歩いて踏みしめてきた足跡があり、自分
の生きてきた時間が深く刻まれています。私たちはこの地上で体験したこと、出会った出来事、出会っ
た人、大切にしてきたことの一つひとつをすべて刻みつつ、その道を歩き続けていくのです。そう
して私たちはかけがえのないこの地上で生き、いつの日かこの故郷を離れ、星々の輝いているあの
遠くの世界にある彼岸へと帰らなければなりません。私たち一人ひとりがその彼岸へと帰っていく
順番や時期、それがいつの日なのかは、自分の内なる自我がきちんと知っています。そのことに運

や不運はあてはまらないのです。皆、自分で望んで生まれてきた、尊い存在だからです。

皆さんがお読みになったこの大切な一冊の本には、介護、看護、心身のケアを必要としている方たち、とりわけ高齢者の介護について、たくさんのエッセンスを含めた人智学の観点に基づいて丁寧に書かれています。高齢者の方たちがこの地上で歩んできた長いプロセス、その方たち自身のもつ真の本性、一人ひとりの長い人生の軌跡に寄り添って行う介護について書かれています。皆さんはこの本を読み終えたとき、いろいろなことを学び、感じ、考えたかと思います。私自身はこの本を読んで、学び、感じ、考えたことは真の「愛」についてです。愛についてあらためて考えました。愛という言葉に照れくさく感じる方もいらっしゃるかもしれません。でも、大きな災害、大きな事故、治らない病気、現在も続く戦争などがあるこの世界で、大切な人について考えたとき、そのときに考えることは、やはり「愛」ではないでしょうか。真の愛とは何かということです。私たち一人ひとりに最愛の人がいること、あるいは、いたことは恵みであり、恩寵であり、幸いです。皆さんにとって最愛の人というのは、皆さん一人ひとりにとって様々な立場の方であろうと思います。その最愛の人に自分はこれから何ができるのか（何ができたのか）、何をしたいのか（何をしたのか）、その人が何を求めているのか（何を求めていたのか）を考えてみることによって、私という存在の中にある温かなもの（熱の源泉）に触れることができるのではないでしょうか。「与える愛」だけが大切なのではありません。誰かに対して「求める愛」もあるからこそ、私たちはその人を愛することができるのです。介護はケア（Care）であり、愛そのものです。介護をする側にとってそれらの行為は与える愛であり、介護を受ける側にとっては求める愛であり恩寵です。

介護とは身体や心に対して行うことだけではありません。その人が求めていること、助けてほしいと感じたことに応えること、その人の人生、その人の存在を尊重することもまた大切な行為です。この本はそんな介護の本質ということについて皆さんに開示してくれる、ヒントを与えてくれる、そんな本ではなかったでしょうか。皆さま一人ひとりが「自分の道を生きていき」そして、一人ひとりの「その道に在る大切なこと」に出会えるように心からお祈りしています。

鎌倉の長谷にある小さなカフェ、おいしそうなパンケーキを見つけた日、
海岸に腰かけ静かな海を見つめた日、ささやかでも、大切な日をふと想いながら

# 謝辞

大村祐子

最後になりましたが、次の方々にたくさん、たくさんの感謝を捧げます。三人の著者／アンネグレット・キャンプスさん／ブリギッテ・ハーゲンホフさん／アダ・ファン・デア・シュタールさん。本書を紹介し、翻訳して出版することを勧めてくださったザビーネ・リンガーさん。講座と講義、そしてザビーネさんが日本に滞在している間ずっと通訳をしてくださった、日本キリスト者共同体の司祭でいらっしゃる下河辺洋子さん。本書の翻訳を引き受けてくださった神田純子さん。私と共に本書を世に出すために奮闘してくださったイザラ書房の社主である村上京子さん。医学的見地から本書をチェックしてくださり、寄稿文をくださった志水祥介医師。お目にかかることはありませんでしたが、本書を出版するために助けてくださった多くの方々。

そして、母が高齢になるまで長生きしてくれたこと、高齢者の生き様《よう》を見せてくれたこと、長い時間ではなかったけれど、介護する機会を与えられたことに心から感謝しています。

最後までお読みくださった皆さまへ

本書が、皆さまが歩まれる道を照らす光となりますことを、

心より願っております。ありがとうございました。

# プロフィール

**神田純子**

京都出身。東京学芸大学大学院修士課程 ( 教育学専攻 ) 修了後、渡独。1988 年から 1990 年にかけて、シュトゥットガルトのヴァルドルフ教員養成ゼミナールで学ぶ。３人の子どもはシュタイナー学園 ( 神奈川県相模原市 ) を卒業。現在は同学園でオイリュトミー授業の伴奏やライアー演奏の指導を担当。子どもの成長段階や季節の巡り、人生の大切な節目に寄り添う音楽に携わる。アウディオペーデ ( 療法的音楽教育者 ) 養成コース修了、同会員。ライアー響会会員。『聴く道の発見』(R. ブラス著、アウディオペーデ出版、2016 年 ) 共訳。

**大村祐子**

1945 年生まれ。米国カリフォルニア州サクラメントのルドルフ・シュタイナー・カレッジで学んだ後、シュタイナー学校、シュタイナー・カレッジで教える。1998 年帰国し、北海道伊達市でルドルフ・シュタイナーの思想を実践する日本で初めての人智学共同体「ひびきの村」を始める。著書に『私の話を聞いてくれますか』『童話　四季のお話 1、2』『シュタイナー学校の模擬授業』『子どもが変わる魔法のお話』『昨日に聞けば明日が見える』『空がこんなに美しいなら』（ほんの木）等多数。現在、千葉県 季美の森で執筆、講座、講演等の活動を続ける。

**志水祥介**

脳神経内科専門医／指導医、内科認定医、産業医、アントロポゾフィー医学国際認定医、日本モルフォセラピー協会認定セラピスト。神奈川県出身、聖マリアンナ医科大学卒業。本多虔夫医師に師事し、横浜市立市民病院／脳卒中・神経脊椎センターにて研修後、同院神経内科医師として専門診療に従事。社団法人地域医療振興協会にて離島・僻地にて地域医療を学んだのち、本多医師とともに精神科疾患の身体治療を実践し、現在は東京都駒木野病院（精神科単科病院）にて身体・高齢期・認知症診療、産業医を中心に活動している。

**アンネグレット・キャンプス**

1951年生まれ。1982年以来、高齢者介護の常設養成機関にて看護士として勤務。1995年からヘッセンの校長会議役員となり、高齢者介護養成所カリキュラム委員会の協働者も務める。『Der Schlaf − das Tor zur anderen Welt. Texte und Gedichte』(ウーラッハハウス2001年)の著者であり継続養成クラス“介護における導き”の講師。

**ブリギッテ・ハーゲンホフ**

1961年ヴィッテン / ルール地方生まれ。ニコデムス高齢者介護養成所で1987年に資格取得。ヴィッテン - ヘルデッケ大学にて介護学の課程修了。長年、外来と入院施設で高齢者介護の経験を積む。1999年からトビリシ（ジョージア）にて介護の助言者を務める。

**アダ・ファン・デア・シュタール**

1949年生まれ。スイスとドイツで看護師経験を積む。医学教育者免許、健康コンサルタント、キネスティック修士及びボバート法トレーナー。1982年以来、高齢者介護の養成所にて講師を務める。『Schöpferisch pflegen』（ウーラッハハウス1999年）著者。A・キャンプスと共著で『 Menschenkundliche Aspekte zur Qualität in der Krankenpflege』（ウーラッハハウス1993年）がある。

**ニコデムス―人智学とキリスト者共同体による公益・高齢者介護施設連合**

Nikodemus Werk e.V. - Bund for gemeinntitzige Altenhilfe aus Anthroposophie und Christengemeinschaft
Hugelstr. 69, 60433 Frankfurt am Main
info@nikodemuswerk.de　www.nikodemuswerk.de

# 参考文献


Aeppli, Willi: Sinnesorganismus, Sinnesverlust, Sinnespflege. Freies Geistesleben, Stuttgart 2003

Bauer, Dietrich u.a: Gespräche mit Ungeborenen. Urachhaus, Stuttgart 1999

Benner, Patrica: Stufen zur Pflegekompetenz, From Novice to Expert. Hans Huber, Bern 1994

Boogert, Arie: Wir und unsere Toten. Urachhaus, Stuttgart 1993

Borbely, Alexander: Das Geheimnis des Schlafes. Neue Wege und Erkenntnisse der Forschung,München 1987

Buber, Martin: Ich und Du. Verlag Lambert und Schneider, Heidelberg 1979

Camps, A./v.d.Star, A.: Menschenkundliche Aspekte zur Qualität in der Krankenpflege. Urachhaus, Stuttgart 1993

Fallaci, Oriana: Briefe an ein nie geborenes Kind. Fischer TB, Frankfurt 1999

Fintelmann, Volker: Intuitive Medizin. Hippokrates Verlag, Stuttgart 1987/1988

Fintelmann; Volker: Alterssprechstunde, Ein Ratgeber zum Umgang mit dem Alter. Urachhaus, Stuttgart 1991

Frankl, Viktor: Der Wille zum Sinn. Hans Huber, Bern, 1972

Frankl, Viktor: Trotzdem Ja zum Leben sagen. DTV 1998

Fingado, Monika: Therapeutische Wickel und Kompressen. Verlag am Goetheanum, Dornach 2002

Gaumnitz, Gisela: Vom Alt-Werden, Eine Materialsammlung aus der Rudolf Steiner Gesamtausgabe. Verlag die Pforte, Basel 1987

Glöckler, Michaela: Salutogenese, Wo liegen die Quellen leiblicher, seelischer und geistiger Gesundheit?Verein für anthroposophisches Heilwesen e.V., Aktuelle Themen Heft 5, Unterlengenhardt, 2001

Grond, Erich: Altenpflege ohne Gewalt. Vincentz Verlag Hannover 1996

Heine, R./Bay, F. (Hrsg): Anthroposophische Pflegepraxis. Hippokrates, Stuttgart 1995/2001

Houten, v., Coenraad: Erwachsenenbildung als Willenserweckung. Freies Geistesleben, Stuttgart 1993

Kitwood, Tom: Demenz; Der personenzentrierte Ansatz im Umgang mit verwirrten Menschen. Hans Huber, Bern 2000

Koob, Olaf: Gesundheit, Krankheit, Heilung. Freies Geistesleben, Stuttgart

Layer, Monika: Praxishandbuch Rhythmische Einreibungen. Huber, Bern 2003

Leber, Stephan: Der Schlaf und seine Bedeutung. Freies Geistesleben, Stuttgart 1996

Lievegoed, Bernard: Der Mensch an der Schwelle. Freies Geistesleben, Stuttgart 1986

Lievegoed, Bernard: Lebenskrisen Lebenschancen. München 1979

Lindenberg, Christoph (Hrsg.): Zur Sinneslehre, Themen aus dem Gesamtwerk. Verlag Freies Geistesleben, Stuttgart 1988

Löser, Angela Paula: Pflegekonzepte nach Monika Krohwinkel. Schlütersche Verlagsdruckerei, Hannover 2003

O'Neil, Georg und Gisela: Der Lebenslauf. Freies Geistesleben, Stuttgart 1994

Raschen, Klaus: Der Schlaf. Urachhaus, Stuttgart 1987

Raschen, Klaus: Der Mensch im Alter. Urachhaus, Stuttgart 1989

Roszell, Calvert: Erlebnisse an der Todesschwelle. Freies Geistesleben, Stuttgart 1993

Schaeffer, D./Moers, M./Steppe, H./Meleis, A.: Pflegetheorien. Hans Huber Verlag, Bern 1997

Soesmann, Albert: Die zwölf Sinne - Tore der Seele. Freies Geistesleben, Stuttgart

Sonn, Annegret: Wickel und Auflagen. Thieme Verlag, Stuttgart 1998

Star, v.d.; A.: Schöpferisch pflegen. Urachhaus, Stuttgart 1999

Steiner, Rudolf: Geheimwissenschaft im Umriss. Philosophisch-Anthroposophischer Verlag am Goetheanum; Dornach 1930

Steiner, Rudolf: Reinkarnation und Karma; Wie Karma wirkt. Rudolf Steiner Verlag, Dornach 1998

Steiner, Rudolf: Theosophie, 31. Auflage. Rudolf Steiner Nachlassverwaltung, Dornach 1987

Steiner, Rudolf: Vom Lebenslauf des Menschen, Themen aus dem Gesamtwerk. Verlag Freies Geistesleben, Stuttgart 1986

Steiner, Rudolf: Vortrag über den Schlaf, 19.Dez. 1914, Dornach

Treichler, Rudolf: Schlafen und Wachen; Vom rhythmischen Leben des Ich. Freies Geistesleben, Stuttgart 1985

Wais, Mathias: Biographiearbeit und Lebensberatung; Krisen und Entwicklungschancen des Erwachsenen. Urachhaus, Stuttgart 1992

Walker/Avant: Theoriebildung in der Pflege. Ullstein Medical, Wiesbaden 1998

Waren; Hartmut: Die Signatur der Sphären. Keplerstern Verlag, Hamburg 2001

Wolff, Otto (Hrsg.): Gesundheit und Krankheit, Themen aus dem Gesamtwerk Rudolf Steiners, Band 10. Freies Geistesleben, Stuttgart 1983

# 創造的な高齢者介護

― シュタイナーの人間観に基づく介護の現場から ―

発行日　2022年12月25日　初版発行

著　者　アンネグレット・キャンプス
ブリギッテ・ハーゲンホフ
アダ・ファン・デア・シュタール
翻　訳　神田純子
監　訳　大村祐子
協　力　志水祥介、神田哲郎
装　丁　赤羽なつみ
発行者　村上京子
発行所　株式会社イザラ書房
〒369-0305　埼玉県児玉郡上里町神保原町569番地
Tel. 0495-33-9216　Fax. 047-751-9226
mail@izara.co.jp　https://www.izara.co.jp
印刷所　株式会社シナノパブリッシングプレス


ISBN：978-4-7565-0147-9　C0011